Elke Werner

Meine Kraft ist in den Schwachen mächtig

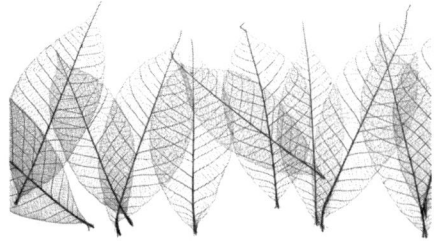

Elke Werner

Meine Kraft
ist in den Schwachen
mächtig

Das Buch
zur Jahreslosung

SCM R.Brockhaus

SCM

Stiftung Christliche Medien

*© 2011 SCM R.Brockhaus im SCM-Verlag GmbH & Co. KG
Bodenborn 43 · 58452 Witten
Internet: www.scm-brockhaus.de; E-Mail: info@scm-brockhaus.de*

*Soweit nicht anders angegeben, sind die Bibelverse
folgender Ausgabe entnommen:
Das Buch. Neues Testament - übersetzt von Roland Werner. © 2009
SCM R.Brockhaus im SCM-Verlag GmbH & Co. KG, Witten.*

*Weiter wurden verwendet:
Lutherbibel, revidierter Text 1984, durchgesehene Ausgabe in neuer
Rechtschreibung, © 1999 Deutsche Bibelgesellschaft, Stuttgart. (LUT)*

*Neues Leben. Die Bibel, © der deutschen Ausgabe 2002 und 2006
SCM R.Brockhaus im SCM-Verlag GmbH & Co. KG, Witten. (NLB)*

*Hoffnung für alle®, Copyright © 1983, 1996, 2002 by Biblica US,
Inc., Verwendet mit freundlicher Genehmigung des Verlags. (HFA)*

*Umschlaggestaltung: Dietmar Reichert, Dormagen
Satz: Christoph Möller, Hattingen
Druck und Bindung: CPI-Ebner & Spiegel, Ulm
Gedruckt in Deutschland
ISBN 978-3-417-26433-3
Bestell-Nr. 226.433*

Inhalt

Vorwort 7
Einleitung 9

1. Einfach übernatürlich –
Gottes Kraft, in den Schwachen mächtig 11

2. Eine wunderbare Kraft
Gottes Stärke entdecken 33

3. Siegreich auf Gottes Art –
Jesus: schwach und doch stark 69

4. Die Realität des Lebens –
unsere menschliche Schwäche 87

5. Göttliche Tankstelle –
wie bekomme ich Kraft? 109

6. Übersprudelnde Freude –
Gottes Ziel mit unserer Schwäche 126

Epilog: Das Märchen vom Tausendfüßler 132

Vorwort von Jürgen Mette

Jesus Christus spricht: Meine Kraft
ist in den Schwachen mächtig.

In Schwachheit stark? In Ohnmacht mächtig? Wer soll das verstehen? Diese Briefnotiz des Paulus an die Gemeinde in Korinth war mir schon immer ein Rätsel. Ist das eine schöne fromme Weisheit, die den notorischen Schwächlingen Beine machen soll, bevor sie gänzlich abtauchen?

Ich habe mich gern in das Manuskript vertieft, weil ich die Autorin seit 25 Jahren kenne und ihren Weg zwischen Kraft und Schwachheit mitverfolgen konnte. Hier schreibt eine erfahrene geistliche Leiterin, die vielen Menschen zum Segen geworden ist, weil sie ehrlich und ermutigend ist, nicht belehrend. Was sie über ihre Erfahrung mit Krankheiten erzählt, wirkt subkutan, unter die Haut gehend, weil sie nach überstandener Krebserkrankung in diesem Buch die zweite schwere Erfahrung einer Hautkrebserkrankung beschreibt. Dieses Zeugnis über die Bewährung des Glaubens wird am Beispiel des Apostels Paulus regelrecht durchbuchstabiert. Denn der körperlich geplagte Gottesmann führt uns weg von der Hoffnung auf den schnellen Heilungserfolg. Er zeigt uns, dass Gesundheit nicht alles ist und dass subjektiv empfundene Schwachheit objektiv ungeahnte Kräfte freisetzt.

Wer sich stark fühlt, kann auf die Lektüre dieses Buches verzichten. Man kann diese Jahreslosung auch nicht prophylaktisch „einnehmen", vorbeugend für Zeiten, in denen es knüppeldick kommt. Wer auf der Tribüne des Leides steht, darf weiter zuschauen. Wer aber in der Arena des Leides steht, der darf sich von Elke Werner an die Hand nehmen lassen und sich auf eine bewegende Reise durch die Höhen und Tiefen des Lebens begeben. Am Ende der Lektüre dieses Buches kam mir die Einsicht: „Gesund ist, wer im Frieden mit Gott lebt und mit der Summe seiner körperlichen und seelischen Einschränkungen zuversichtlich leben kann!" Elke Werner lebt diese Einsicht, sie verkörpert sie, darum folgen wir gern ihrer ganz speziellen Auslegung der Jahreslosung.

Es könnte sich aber auch eine andere Gruppe von Lesern an diese Lektüre wagen. Solche wie ich, die irgendwann lernen mussten, dass Gesundheit und Erfolg, der formvollendete Auftritt und die demonstrative Stärke einer wichtigen Gotteserfahrung im Wege stehen. Es war gerade meine Stärke, die mich auf Distanz zu Gott und auch zu angefochtenen Menschen gebracht hat. Mein Leben im grünen Bereich hat andere in den roten Bereich katapultiert, ohne dass mir das bewusst war. Stärke kann isolieren und einsam machen. Schwache fühlen sich in Gegenwart starker Menschen nicht wirklich verstanden, sie empfinden sich als Zwerge unter Riesen. Das alles merkt ein Starker gar nicht, es sei denn, es findet sich ein demütiger Mahner, der ihm diese Einsicht in geistlicher Autorität schonend nahebringt. Genau das ist in diesem Buch gelungen. Danke Elke, ich habe verstanden!

Jürgen Mette

8

Einleitung

Ein neues Jahr ist jedes Mal wie ein Neuanfang. Auch wenn wir noch gar nicht wissen, was auf uns zukommt – wir starten mit vielen Erwartungen und Hoffnungen in die vor uns liegenden Wochen und Monate. Das Leben kann schön sein, doch es kann uns auch viel abverlangen. Nach dem Feiern an Silvester kommt der Alltag schnell zurück und wir stoßen immer wieder an unsere menschlichen Grenzen. Da kann man eine gute Wegzehrung gebrauchen. Und so ist die Jahreslosung gedacht: als ein Wort, das uns das ganze Jahr begleiten und ermutigen soll.

Seit 1936 wird von der Ökumenischen Arbeitsgemeinschaft für Bibellesen jährlich ein Vers ausgelost, der Christen in unserem Land Orientierung geben soll und sie stärken möchte. Im Jahr 2012 ist es der bekannte Vers aus 2. Korinther 12,9: „Meine Kraft ist in den Schwachen mächtig."

Auch wenn ich nicht weiß, ob Sie sich im Moment stark oder schwach fühlen, möchte ich mich mit Ihnen auf den Weg machen, ganz neu über Schwäche und Stärke nachzudenken. Was ist eigentlich schwach und was ist wirklich stark? Hat Gott vielleicht andere Maßstäbe als wir Menschen? Und wie geht das konkret, dass wir in der Schwäche Kraft entwickeln?

Paulus, der bis heute für uns alle ein Vorbild als Christ und Mitarbeiter Gottes ist, wurde dieses Wort zugesprochen, als er in großer Krankheitsnot war. Er hatte sich an Gott gewandt und dann die Antwort erhalten: „Lass dir an meiner Gnade genügen, denn meine Kraft ist in den Schwachen mächtig."

Ist das eine Durchhalteparole? Ein Hohn in den Ohren eines schwachen Menschen? Nur etwas für starke Persönlichkeiten wie Paulus? Eine Vertröstung, die von der aktuellen Situation ablenken soll? Solche Fragen entstehen auf den ersten Blick, wenn man diesen Vers liest. Ich bin jedoch überzeugt: Jesu Versprechen kann auch uns heute helfen, mit Leiden und Schwäche zu leben. Und stark zu werden, ohne hart zu werden. So lade ich alle Leserinnen und Leser ein, sich mit mir auf eine innere Reise zu begeben. Eine Reise, die uns die Kraft Gottes neu entdecken lässt und uns auf die Spur setzt, Gottes Geheimnis von Kraft und Schwäche zu erleben. Denn bei ihm gilt: „Meine Kraft ist in den Schwachen mächtig."

Elke Werner

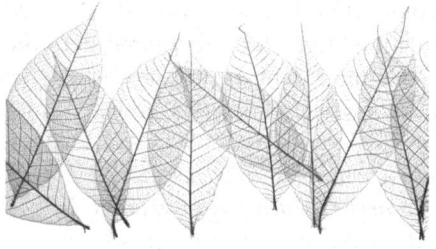

Kapitel 1

Einfach übernatürlich – Gottes Kraft, in den Schwachen mächtig

Ein Starker wird schwach

Was einen Menschen je zum Helden
oder Heiligen erhöht, ist das Opfer.

Karl Domanig

Wenn es in der Bibel einen wirklichen Helden des Glaubens gibt, dann ist das für mich Paulus. Er hat nach seiner erstaunlichen Bekehrung das Evangelium zu den Heiden gebracht und dabei mehrere Male sein Leben aufs Spiel gesetzt. Er hat Gemeinden gegründet, und seine Briefe an sie prägen bis heute stark unsere Theologie und Gemeindepraxis. War Paulus also der strahlende Held, der Supermann der Kirchengeschichte? Hatte er denn keine Schwächen? Doch. Er schreibt:

Deshalb, damit ich nicht zu hoch von mir denke, wurde mir ein Stachel in den Körper gegeben. Es ist ein Bote des Satans, der mich mit Fäusten schlagen soll, damit ich mich nicht überhebe. Ich habe den Herrn dreimal gebeten, dass dieser Satansengel mich in Ruhe lassen soll. Da hat er mir gesagt: „Meine Gnade reicht für dich aus, denn die Kraft vollendet sich mitten in der Schwachheit!" Deshalb will ich lieber meine Schwäche loben, damit die Kraft des Messias in mir wohnt. Deshalb freue ich mich über Schwachheiten, Misshandlungen, Verfolgungen und Ängste, die ich für den Messias erleide. Denn wenn ich schwach bin, dann bin ich voller Kraft (2. Korinther 12,7-10).

Die meisten Ausleger folgern aus dieser Passage, dass Paulus eine Krankheit hatte, die ihm sehr zusetzte. Wir wissen nicht, worunter Paulus so gelitten hat. Waren es Spätfolgen von seinen Gefängnisaufenthalten, seiner Mangelernährung, seinen Erfahrungen von Folter? War es eine Augenkrankheit, die ihm das Lesen und Schreiben erschwerte, weshalb er ja manche der Briefe von anderen Mitarbeitern schreiben ließ? War er depressiv von der ständigen Sorge um die neu entstandenen Gemeinden, eine Sorge, die er immer wieder in seinen Briefen ausdrücklich als belastend erwähnt hat? Oder war es die Last seiner abenteuerlichen Reisen, der ständigen Angriffe auf sein Leben? Wir wissen es nicht und werden es wohl nicht mehr herausbekommen. Was wir wissen, ist, dass er sich dreimal an Gott gewandt und um Heilung gebeten hat. Und dass die Krankheit so hartnäckig war, dass sie blieb. Warum hat Gott sie nicht einfach von ihm genommen? Warum musste er bei allen Schwierigkeiten, die sein Auftrag als Apostel mit sich brachte, auch noch krank sein?

Paulus wusste um die Gefahr, sich selbst zu überschätzen und dann abzuheben. Er erkannte, dass Gott ihm diese Krankheit auferlegt hatte, damit er auf dem Teppich blieb, damit er abhängig von Gott lebte und sich nicht auf seine eigene Kraft verließ.

Jesus heilte ihn also nicht. Manche Christen würden vielleicht so reagieren: „Das kann nicht sein. Gott will, dass es uns gut geht, und hätte Paulus richtig gebetet oder hätte er mehr geglaubt, wäre er auch geheilt worden." Diese Überzeugung wird oft Kranken um die Ohren gehauen; ihnen wird die Schuld an ihrem Dilemma zugewiesen. Das ist grausam und auch biblisch nicht richtig.

Als ich zum ersten Mal an Krebs erkrankt war, schrieben mir Leute, ich würde sicher an der Krankheit sterben, weil ich eingeräumt hatte, mich auch auf den möglichen Tod einzustellen. Andere schrieben, dass ich wohl viel gesündigt haben müsse, dass ich jetzt so krank sei. Ich bin erschrocken darüber, wie sich solche Irrlehren so hartnäckig halten können. Krankheit und Tod gehören zur Realität unserer von Gott abgefallenen Welt dazu. Und da sind wir Christen nicht ausgenommen. Auch wir werden krank, auch wir werden sterben. Und das hat nichts mit Sünde des Einzelnen zu tun. Wenn es so wäre, dass Sünde im Leben zu Krankheit führt, wer wäre dann noch gesund? Und wieso sind so viele Verbrecher, die sogar öffentlich und offensichtlich sündigen, körperlich kerngesund?

Ich fürchte manchmal, dass hinter solchem Denken immer noch ein heidnisches Muster steckt: Ich bin gut, also muss Gott gut zu mir sein. Ich bin böse, also bestraft Gott mich mit Krankheit – oder anderen Schwierigkeiten und Nöten. Die dahinterstehende Vorstellung ist das Bild einer Waage, auf deren eine Seite ich etwas lege, sodass Gott auf der anderen Seite seinen Teil beisteuern muss.

Ein anderes Missverständnis rührt daher, dass der Glaube selbst als magisch verstanden wird. Ich kann durch meinen Glauben etwas bewegen bei Gott. Wenn ich fest glaube und nicht zweifle, kann ich nur noch gesund werden (oder erfolgreich sein, finanziell gesegnet, angesehen). Voraussetzung für dieses Denken ist: Gott will, dass ich gesund bin. Und wenn ich es nicht bin, ist das ein Angriff des Teufels. Dem muss ich widerstehen und durch viel Glauben beweisen, dass ich auf der Seite des Siegers, von Jesus, stehe. So wird manchmal ein Glaube hervorgebracht, der jeden Zweifel und leider manchmal auch jede objektive Diagnose übergeht und die Realität verleugnet. Schon mehrmals habe ich beobachtet, wie Menschen wegen einer solchen Irrlehre eine notwendige Behandlung abgelehnt haben. Mit all den negativen Konsequenzen, die diese Ausblendung der Realität mit sich gebracht hat, ja sogar bis hin zum Tod, der durch eine rechtzeitige medizinische Behandlung hätte vermieden werden können.

Es liegt nicht am Glauben

Paulus ist ein Beispiel dafür, dass es nicht am Glauben des Einzelnen liegt, ob er gesund wird. Und auch dafür, dass die Krankheit keine Folge der Sünde ist. Genauso wenig wie andere Notlagen – denn auch die kannte er zur Genüge. Paulus hat sicherlich gesündigt wie wir alle. Aber er lebte von der Vergebung. Die Gnade Gottes, die sündige Menschen annimmt und ihnen vergibt, war die prägende und treibende Kraft in seinem Leben. Jesus spricht es ihm zu: *Lass dir an meiner Gnade genügen; denn meine Kraft ist in den Schwachen mächtig* (2. Korinther 12,9; LUT).

Die Gnade Gottes ist der eigentliche Unterschied zu allen anderen Religionen und Glaubensrichtungen. Es gibt sie nirgendwo sonst. In allen anderen Religionen wird der Mensch genau das ernten, was er gesät hat. War er gut, wird es ihm gut gehen. War er böse, wird er bestraft oder sogar vernichtet. Bei dem lebendigen Gott ist das anders. Er ist ein gnädiger Gott. Einer, der die Schuld beim Namen nennt, aber dann selbst für diese Schuld die Strafe auf sich nimmt und für die Menschen stirbt.

Paulus hat das verstanden. Er wusste, dass er schuldig war. Und er bekannte seine Sünde, auch vor den Menschen, die er zum Glauben eingeladen hatte. Er predigte von dieser unverdienten Gnade, die für jeden Menschen zur Verfügung steht.

Als Letztem von allen erschien er auch mir, der ich ja sozusagen eine Totgeburt war. Denn ich bin wirklich der Allergeringste der von Jesus Bevollmächtigten! Ja, es steht mir eigentlich nicht zu, als Apostel bezeichnet zu werden, weil ich die Gottesgemeinde verfolgt habe. Doch durch Gottes unverdientes Geschenk bin ich zu dem geworden, der ich bin, und seine unverdiente Zuwendung zu mir ist nicht ohne Folgen geblieben. Nein! Ich habe mich mehr als alle anderen abgemüht. Damit meine ich natürlich nicht mich selbst, sondern die unverdiente Gnade Gottes, die mit mir ist (1. Korinther 15,8-10).

Alles hat ein Ende

Paulus hat Gnade erfahren und er hat sie weitergegeben. Genau diese unverdiente Zuwendung Gottes half ihm, mit seiner Krankheit fertig zu werden. Gott nahm nicht die Krankheit weg, aber er versprach, mit seiner Fürsorge und Liebe für Paulus da zu sein. Und mehr als das: Gnade umfasst nicht nur das Leben hier, egal, wie angenehm oder hart es sein mag, Gnade schenkt uns Menschen das ewige Leben. Das, was wir hier auf der Erde durchmachen und erleben, ist zeitlich begrenzt. Doch es kommt die Ewigkeit auf uns zu, in der es keine Krankheit und keine Schmerzen mehr geben wird. Gottes Herrlichkeit bricht sich Bahn. Solange wir noch in dieser Welt und in diesem Körper leben, werden wir auch leiden. Manche von uns kürzer, manche länger. Manche mehr, manche weniger. Das Maß unseres Leidens bestimmt allein Gott.

Vielleicht haben Sie Menschen vor Augen, die sehr viel Leid in ihrem Leben erfahren haben. Manche von ihnen sind dadurch bitter und hart geworden. Mit der Bitterkeit kommt schnell die Einsamkeit. Denn andere Leute distanzieren sich, weil sie nicht zur Projektionsfläche für die Emotionen anderer werden wollen. Dann gibt es wieder Menschen, die sehr viel Leid erlebt haben und dankbar sind, in sich ruhend und anziehend für andere. Sie haben es verstanden, die Leiden des Lebens zu umarmen und mit ihnen Frieden zu schließen. Sie haben innere Kraft und Stärke entwickelt und sind in ihrem Vertrauen auf Gott nur noch mehr gewachsen. Man könnte es so ausdrücken:

Wenn man ein Ei kocht, wird es hart.

Wenn man eine Kartoffel kocht, wird sie weich.

Es liegt nicht an der Hitze, es liegt an der Substanz, was schlussendlich beim Kochen herauskommt.

Paulus wusste, wovon er sprach. Er hatte selbst Leid erlebt. Es gehörte zu seinen täglichen Erfahrungen. Doch er legte sein Augenmerk nicht auf das Negative, er reagierte nicht selbstmitleidig und selbstzentriert, sondern lenkte seinen Blick auf die Herrlichkeit Gottes, auf das Licht, das in seinem Inneren angezündet worden war, als er Jesus als das Licht der Welt erkannt hatte. Er bezeichnete dieses Licht als einen inneren Schatz. Und dieser Schatz soll leuchten und auf Jesus hinweisen. Dabei kommt es nicht auf die Hülle an, die den Schatz trägt, sondern auf den Schatz selbst.

> *Diesen wertvollen Schatz bewahren wir in zerbrechlichen, tönernen Gefäßen. Dadurch soll klar werden, dass die überwältigende Kraft von Gott allein kommt und nicht von uns. In allen Lebenslagen werden wir bedrängt, aber wir werden nicht erdrückt. Wir befinden uns in ausweglosen Situationen, aber wir verlieren dabei doch nicht unseren Lebensmut. Wir werden verfolgt, sind aber dennoch nicht verlassen. Wir werden zu Boden geworfen, aber wir gehen dabei nicht zugrunde. Zu jedem Zeitpunkt tragen wir das Sterben von Jesus an unserem eigenen Körper herum, damit dann auch das Leben von Jesus an unserem Körper sichtbar werden kann. Denn immer werden wir, die wir leben, in den Tod ausgeliefert wegen Jesus, damit dann auch das Leben von Jesus an unserem sterblichen Körper sichtbar wird (2. Korinther 4,7-11).*

Unsere Körper sind eigentlich zu zerbrechlich, um den Schatz des ewigen Lebens in sich zu bergen. Schon vom Moment der Geburt an ist klar, dass dieser Körper auf Zeit angelegt ist. Er entwickelt sich, kommt schon in jungen Jahren zum Höhepunkt seiner Blütezeit, altert dann und wird eines Tages durch den Tod seine Funktionen endgültig einstellen. Doch der Mensch ist mehr als sein Körper. Seine Seele und sein Geist sind nicht an den Körper gebunden. Sie werden weiterleben, auch wenn der Mensch stirbt. Sie geben dem Körper seinen Wert und seinen Glanz. Paulus macht klar, dass unser Leben mehr ist als das, was man vor Augen sieht. Wir leben für einige Jahre in diesem Körper, doch das Eigentliche ist mehr als das: Unser Leben mit Gott ist nicht dem Verfall untergeordnet. Es mag sein, dass unser Körper, unsere Hülle, schwach ist. Aber dennoch kann unser Geist sehr lebendig und wach sein. Das zeigt auch die Geschichte von Joni Eareckson Tada.

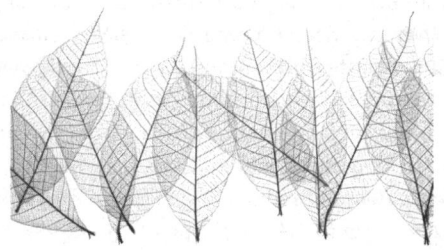

Die mit dem Rollstuhl tanzt

Wer unter der Last bleibt, lernt Lasten tragen.
Wer sich unter Lasten bewährt hat,
gewinnt Hoffnung – Hoffnung, die verlässlich ist.

Unbekannt

Es war ein Badeunfall. Joni Eareckson Tada sprang am 30. Juli 1967 kopfüber in ein flaches Gewässer und brach sich das Genick. Schon als Teenager las ich ihre Biografie und war zutiefst bewegt. Sie ist nur sieben Jahre älter als ich, und mir war beim Lesen ihres Buchs bewusst, dass ich genau wie sie in diese missliche Lage hätte kommen können. Ganz ehrlich beschreibt sie ihren inneren Kampf, ihr Schicksal anzunehmen. Ihr Freund ließ sie im Stich. Ihre wunderbare Familie und ein gläubiger junger Mann standen jedoch zu ihr und halfen ihr, ihren Glauben an Gott nicht aufzugeben. Joni kämpfte und erlangte ein wenig Bewegungsfreiheit zurück: Sie kann heute ihre Arme auf und ab bewegen. Ansonsten ist ihr Körper vom Hals abwärts gelähmt und sie wird für den Rest ihres Lebens an den Rollstuhl gefesselt bleiben.

Doch Joni gab nicht auf. Sie lernte, in einem speziell für sie hergestellten Auto zu fahren. Sie übte und entwickelte ein großes Talent, mit dem Mund zu malen. Ihr Leben wurde verfilmt. Sie heiratete ihren Mann Ken und setzt sich für andere Menschen mit Behinderung ein. Ihr Missionswerk „Joni und Freunde" entstand. Und heute? Sie schreibt Bücher, sammelt Geld und verschenkt Rollstühle an bedürftige Menschen in anderen Ländern, sie ermutigt andere Kranke durch Radio- und Fernseharbeit. Sie kann trotz ihrer immer noch vorhandenen Hilfsbedürftigkeit bis an die Enden der Erde Menschen ermutigen.

In ihrem Buch *Joni – Der nächste Schritt* schreibt sie: „Man sollte meinen, dass ich in meiner Lage schwach und lebensmüde würde. Doch da ich Gott kenne und mich voller Zuversicht auf den Tag freue, an dem er mir einen neuen Körper geben wird, kann ich selbst jetzt schon ‚die Schwingen' emporheben ‚wie ein Adler'. Denn diese Erwartung gibt mir Ausdauer und Kraft; und so gleiche ich einem Adler, der sich mit seinen mächtigen Schwingen den Luftströmungen zwischen den Bergen anvertrauen kann. Aber noch in einer anderen Hinsicht gleiche ich durch mein Harren auf Gott einem Adler. Mein Körper ist an diesen Rollstuhl gefesselt. Aber ich erhoffe und erwarte eine Zukunft, die Gott für mich bereitet hat, und das gibt mir die Freiheit, Höhen der Freude zu erleben und andererseits die Tiefen seiner Barmherzigkeit zu erforschen."

Ich bin Joni auf einem Kongress der Lausanner Bewegung in Thailand einmal persönlich begegnet. Joni ist *Senior Associate for Evangelism among Disabled People*, das heißt Ansprechpartnerin der Internationalen Lausanner Bewegung für Menschen mit Behinderungen. Ich selbst bin *Senior Associate for Women in Evangelism* – Ansprechpartnerin für Frauen und Evangelisation. So sind wir quasi Kolleginnen, auch wenn sie normalerweise nicht an den Sitzungen teilnehmen kann.

Auf diesem Kongress kam Joni jedoch als Rednerin auf die Bühne. Bis zuletzt war nicht klar, ob sie es schaffen würde, da sie wieder einmal gesundheitliche Probleme hatte. Doch dann wurde sie in ihrem Rollstuhl auf die Bühne getragen und füllte mit ihrem Strahlen den Saal aus. Joni redete mit einem Lächeln auf dem Gesicht und mit fester Stimme zu uns. Ich habe selten jemanden gehört, der so einfach und schlicht, doch gleichzeitig so tief gehend von Gott geredet hat. Ihre Worte waren allerdings nur der Anfang. Um uns zu zeigen, wie sehr sie Gott liebt, fing sie an, mit ihrem Rollstuhl zu tanzen. Sie tanzte auf der Bühne mit dem Rollstuhl hin und her und hob dazu ihre Arme. Sie sang und schien gar nicht zu bemerken, dass wir alle im Publikum mit den Tränen kämpften. Es war einfach wunderschön anzusehen und so bewegend, dass sie ihren Gott trotz der Behinderung so sehr liebt und mit ihm tanzt, voller Freude über das Leben.

Gottes Kraft ist da

Joni ist und bleibt für mich ein einmaliges Beispiel dafür, wie Gottes Kraft in den Schwachen mächtig ist. Sie hat ihren Weg gefunden, auch wenn sie nicht gehen kann. Sie steht mit beiden Beinen im Leben, auch wenn sie im Rollstuhl sitzt. Sie will kein Mitleid, aber sie leidet mit anderen. Sie weint nicht um sich selbst, sondern sie sorgt sich um Menschen, die noch keinen Rollstuhl haben, die noch allein sind in ihrer Not. Joni ist eine, die mit dem Rollstuhl tanzt.

In ihrem oben erwähnten Buch zitiert sie 2. Korinther 4,16-18:

Deshalb werden wir auch nicht müde. Sondern selbst wenn unser äußerer Mensch aufgerieben wird, dann wird doch unser innerstes Wesen von Tag zu Tag erneuert. Denn unsere Bedrängnis, die doch letztlich sehr leicht ist, bewirkt in uns eine über alle Maßen gewichtige Herrlichkeit, die bis in die Ewigkeit hineinreicht. Dabei schauen wir nicht auf das, was sichtbar ist, sondern auf das Unsichtbare. Denn die sichtbare Wirklichkeit hat nur in dieser Zeit Bedeutung, aber die unsichtbare besteht bis in alle Ewigkeit.

Als Auslegung schreibt sie dazu: „Es ist nicht so, dass der Himmel *trotz* all unserer Beschwerden während unseres Erdenlebens ein herrlicher Ort sein wird, sondern gerade *wegen* dieser Nöte. Gott benutzt meinen Rollstuhl, so unangenehm er mir auch sein mag, um meine Einstellung zu verändern und meine Treue zu ihm herauszufordern. Diese Treue wird er im Himmel belohnen. Und so dienen uns unsere irdischen Leiden nicht nur hier zum Besten, sondern erst recht in der Ewigkeit. […] Wir werden einen neuen Leib und neue Sinne haben. Ich werde zum ersten Mal wieder in der Lage sein, auf meine Freundinnen zuzugehen und sie zu umarmen. Ich werde meine neuen Hände vor den himmlischen Heerscharen erheben und rufen: ‚Das Lamm, das geschlachtet wurde, ist würdig zu empfangen […] Lobpreis und Ehre!' Denn es hat meine Seele von den Klauen der Sünde und des Todes befreit, und nun hat es auch meinen Körper erlöst."

Den Himmel im Blick

Dieses Leben ist ein Vorzimmer des Himmels.
Unsere größten Freuden sind nur die ersten Früchte und der Vorgeschmack der ewigen Freude, die noch kommen wird.

Corrie ten Boom

Joni hat in ihrem irdischen Leben hier und jetzt die Ewigkeit im Blick. Sie hat entdeckt, dass das Leben hier, auch wenn es voller Beschwernisse und Schwäche ist, nicht alles ist. Es gibt eine Ewigkeit, die sich jetzt und hier schon Bahn bricht. Und in dieser Ewigkeit, in dieser Wirklichkeit zählen andere Dinge. Was vor unseren menschlichen Augen schwach ist, kann im Blick auf die Ewigkeit stark sein. Was wir als Menschen für ein erfolgreiches und tolles Leben halten, wird vielleicht in Gottes Augen oberflächlich und unreif sein. Das hat auch Paulus erkannt:

Wir wissen ja: Unsere Behausung hier auf der Erde, das Zelt, der Körper, in dem wir wohnen, vergeht. Aber wir besitzen ein Heim, das von Gott kommt, ein Haus, das nicht von menschlichen Händen erbaut wurde, sondern ewig in der Himmelswelt besteht. Und deshalb sehnen wir uns, solange wir hier sind, mit Seufzen nach der himmlischen Behausung, dem neuen Körper, mit dem wir bekleidet werden sollen. Denn wenn wir so eine neue Heimat finden, dann werden wir nicht schutzlos dastehen. Solange wir noch in diesem gegenwärtigen Zelt, unserem Körper, leben, seufzen wir und sind beschwert. Denn wir wollen ja nicht entkleidet, sondern überkleidet werden. Dann wird das, was sterblich ist, vom Leben aufgesogen werden. Und der, der uns dazu befähigt, das ist Gott. Denn er hat uns schon jetzt die erste Vorauszahlung dafür gegeben, das Geschenk des Gottesgeistes. So sind wir immer guten Mutes. Denn wir wissen, solange wir in unserem Körper beheimatet sind, leben wir in Bezug auf Jesus in der Fremde. Das ist ja so: Wir führen unser Leben im Vertrauen auf Gott und nicht im Schauen. Wir sind also voller Zuversicht und meinen, dass es besser ist, außerhalb des Körpers zu sein und bei Jesus, dem Herrn, in die wahre Heimat einzuziehen (2. Korinther 5,1-8).

Paulus erlebte Angriffe des Teufels. Immer wieder versuchte der Widersacher Gottes, ihn an der Umsetzung seiner Mission zu hindern. Ob durch Schiffbruch, ob durch Verleumdung oder durch diese Krankheit: Paulus wurde immer wieder und ständig angegriffen. Manchmal auch aus den eigenen Reihen, was ihn besonders sorgte und kränkte.

Doch er wusste, dass Jesus der Herr über diese Angriffe war. Er konnte dem allen jederzeit ein Ende bereiten. Aber er tat es nicht. Paulus blieb krank. Gott wollte sich gerade in seiner Schwachheit verherrlichen. Doch auch Paulus kam irgendwann an seine Grenzen. Überraschend offen und ehrlich berichtete er davon, dass er sogar am Leben verzweifelte:

Wir wollen unbedingt, dass ihr wisst, Schwestern und Brüder, in welche Bedrängnisse wir in der Provinz Asia geraten sind. Es ist wirklich so: Wir sind in so große Schwierigkeiten geraten, dass es nicht mehr auszuhalten war. Es war mehr, als wir ertragen konnten, sodass wir schließlich am Leben selbst verzweifelten. Wir hat-

ten dabei schon längst die Hoffnung aufgegeben, dass
wir noch einmal dem Tod entrinnen könnten. Das hatte
zur Folge, dass wir unser Vertrauen nicht auf uns selbst
setzten, sondern auf Gott, der in der Lage ist, die Toten
wieder zum Leben zu erwecken. Er hat uns aus dieser
überwältigenden Todesgefahr herausgerissen. Und er
wird es auch wieder tun! Auf ihn haben wir unsere
Hoffnung gesetzt, dass er uns auch in Zukunft so he-
rausretten wird. Dabei helft auch ihr durch eure Gebete
für uns mit. So wird der Dank für dieses Geschenk der
Hilfe Gottes, das wir bekommen haben, durch viele Per-
sonen Gott dargebracht werden (2. Korinther 1,8-11).

Paulus erinnerte sich in der schwersten Situation der
absoluten Verzweiflung an das, was Gott schon alles
Gutes in seinem Leben getan hatte. Aus der schon
erfahrenen Hilfe Gottes erwuchs das Vertrauen, dass
Gott ihm auch in dieser schlimmen Lage beistehen
würde.

Der Blick zurück kann also helfen, den Weg nach
vorne wieder zu sehen. Die guten Erfahrungen mit
Gott sollte man im Herzen behalten, damit man sie
in schweren Zeiten wieder hervorholen kann. Sicherlich kann man nicht ausschließlich „aus der Reser-
ve" leben, aber es ist sehr hilfreich, solche Schätze zu
sammeln und sie bei Bedarf zu betrachten. Ich weiß
von Menschen, die sich ein kleines „Schatzkistchen"
gebastelt haben, in das sie Erinnerungsstücke an gute
Zeiten legen. Wenn es dann einmal schwierig wird,
kramen sie ihre Schatzkiste hervor und lassen sich
von den kleinen Helfern an schöne und gute Stunden
im Leben erinnern. Manche schreiben Tagebuch, auch
in guten Zeiten. Und wenn sie so richtig unten sind,

lesen sie darin und knüpfen so an das Gute an, das Gott schon getan hat.

Ich kann das alleine

Schon früh im Leben meinen wir, alles alleine zu können. Wer mit kleinen Kindern zu tun hat, hört immer wieder Sätze wie: „Das habe ich ganz alleine gemacht", und erkennt dabei den Stolz in der jungen Stimme. Ob das immer so stimmt, steht jedoch auf einem anderen Blatt ... So ist beispielsweise die Aussage eines Mädchens, das stolz seine ersten selbst gebackenen Kekse serviert: „Die habe ich ganz alleine gemacht!", sicher ein Teil der Wahrheit. Aber wenn man genauer hinschaut, hat die Mutter eingekauft, die Zutaten abgewogen, den Backofen vorgeheizt, die Backzeit eingegeben, die heißen Bleche aus dem Ofen gezogen und zum Abkühlen aufgestellt und sicher auch hinterher die Küche wieder in Ordnung gebracht. Für das Kind allerdings zählt nur eines: Es hat den Teig gerührt, ausgerollt und ausgestochen und hinterher vielleicht noch die Kekse mit Schokoguss bestrichen oder mit Streuseln verziert. Es hat das ganz alleine gemacht!

Wie oft mag Gott schmunzelnd neben uns Erwachsenen stehen, wenn wir meinen, etwas im Leben erreicht zu haben. Ganz allein. Uns allen werden noch die Augen aufgehen, wenn wir sehen werden, wie wenig Grund wir eigentlich haben, auf unsere eigenen Aktionen stolz zu sein.

Paulus hatte menschlich gesehen viele Dinge, auf die er stolz sein konnte: seine Ursprungsfamilie, seine qualifizierte theologische Ausbildung, seinen Eifer für die Sache Gottes, seine Reisen um die halbe Welt und in unbekannte Gegenden, immer vom Auftrag Gottes angetrieben. Hinzu kamen die vielen Wunder, die er im Dienst für Gott erlebt und an denen er auch selbst mitgewirkt hatte, wie zum Beispiel die Auferweckung eines Toten. Er hätte sich rühmen können für seine Treue, mit der er durchgehalten hatte bei Schiffbruch, in Gefängnissen, unter Schlägen, auf der Flucht. Er war wirklich ein Mann Gottes, der vieles ausgehalten und auf sich genommen hat, um Gott gehorsam zu sein. Doch wie reagierte er?

Wer ist schwach und ich bin nicht auch schwach? Wer wird zur Sünde verleitet und ich gehe nicht deshalb durchs Feuer? Wenn es schon wichtig ist, dass man sich selbst lobt, dann will ich mich aufgrund meiner Schwachheit loben (2. Korinther 11,29-30).

Paulus stellt unser Bewertungssystem von Stärke und Schwäche auf den Kopf und rühmt sich seiner Schwachheit. Dabei handelt er nicht selbstmitleidig, sondern will uns aufzeigen, dass Schwäche kein Zeichen von Versagen ist, sondern, wie in seinem Fall, ein Zeichen von Stärke sein kann.

Eine echte Wende

Gott hat Paulus auserwählt, das steht fest. Gehen wir noch einmal zurück zum Anfang: Als Paulus noch Saulus hieß, war er ein erbitterter Gegner der Christen. Auf einem seiner Feldzüge begegnete ihm jedoch Jesus Christus. Vor den Toren von Damaskus musste Saulus erkennen, dass Jesus wirklich lebt. Diese Begegnung veränderte sein Leben. Hananias, ein Nach-

27

folger Jesu, wurde daraufhin von Gott zu Saulus geschickt, der seit der Begegnung mit Jesus blind war und auf Anweisungen wartete, wie es für ihn weitergehen sollte. In einer Vision wurde Hananias ermutigt, dem gefürchteten Verfolger zu begegnen:

Da sagte Jesus, der Herr, zu ihm: „Geh nur! Denn dieser Mann ist für mich ein ausgewähltes Werkzeug, der meinen Namen vor die nichtjüdischen Nationen und auch vor Könige tragen soll und ebenso vor die Angehörigen des Volkes Israel. Und ich werde ihm zeigen, wie viel er wird leiden müssen, weil mein Name über ihm genannt ist" (Apostelgeschichte 9,15-16).

Aus Saulus wurde Paulus. Unvorstellbar für die Christen, die in Angst und Schrecken vor ihm gelebt hatten. Die Begegnung mit Jesus hatte ihn grundlegend und nachhaltig verändert. Und alle Stärken, die er mitgebracht hatte, wurden in diese Veränderung mit hineingenommen. Jesus versprach Paulus nicht das Paradies auf Erden, keine große Belohnung, wenn er in das Lager der Christen überliefe. Im Gegenteil: Er würde viel leiden müssen. Und das nicht, weil Gott Paulus bestrafen wollte für die frühere Verfolgung der Christen. Nein, Gott machte klar, dass das Leiden eine Folge der Nachfolge ist. Wer zu Jesus gehört, muss auch leiden.

Wir Menschen im Westen leben so, als hätten wir ein Recht auf alles Gute. Und zwar immer und zu jeder Zeit. Wenn es dann einmal dazu kommt, dass wir leiden müssen, machen wir Gott Vorwürfe. Wir sind sauer oder kommen zu dem Schluss, dass Gott entweder nicht an uns interessiert ist oder zu schwach, um einzugreifen.

C.S. Lewis schreibt in seinem Buch *Über den Schmerz*

Folgendes: „Wir wünschen uns am liebsten einen Gott, der zu allem, was uns zu tun in den Sinn kommt, sagt: ‚Egal, wenn sie nur zufrieden sind!‘ Wir wollen also in Wirklichkeit eher einen Großvater als einen Vater im Himmel – einen Greis, der zufrieden ist, wenn die jungen Leute ihren Spaß haben, und dessen Plan für die Welt einfach so aussieht, dass man am Ende eines jeden Tages sagen kann: ‚Das war mal wieder ein schöner Tag!‘“

Doch Gott ist nicht der „Gute Opa Total Taub“. Er ist der Vater im Himmel, der uns liebt und uns prägt und auch erzieht. Natürlich gehört zu einem Leben auch Spaß und Vergnügen, Glück und Genuss. Aber das Leben ist mehr als das. Es gibt eine Dimension, die man nur mit Tiefgang erleben kann. Und manchmal lässt Gott es zu, dass wir durch Nöte gehen, damit wir das Leben wirklich ausloten können. Mit all seinen Höhen und Tiefen. Nur beladene Schiffe haben Tiefgang. Nur Menschen, die das Leiden erlebt haben, wissen das Glück zu schätzen. Paulus spricht von der Herrlichkeit Gottes, die gerade im Leiden sichtbar wird:

Ich komme nämlich zu dem Urteil, dass die Leiderfahrungen, die wir hier und jetzt auf uns nehmen müssen, nicht der Rede wert sind angesichts der wunderbaren Herrlichkeit, die sich in ihrer ganzen Schönheit in uns entfalten wird. Ja, die gesamte erschaffene Welt erwartet voller Sehnsucht den Augenblick, in dem die Söhne und Töchter Gottes sichtbar werden (Römer 8,18).

Paulus sieht mehr als die sichtbare Wirklichkeit. Er hat die Ewigkeit, die Dimension Gottes im Blick. Und von ihr her, von der Herrlichkeit Gottes her, sieht er das Leben allgemein und auch sein eigenes Leben in einem anderen Licht. Das Leiden und die Schwäche haben dann ein Ende, wenn wir in diese ewige Wirklichkeit endgültig eintauchen. Die Herrlichkeit Gottes und seine Macht werden erst in der Zukunft ihre ganze Pracht entfalten und für alle sichtbar werden.

Wer entscheidet, was schwach ist?

Es war die erste praktische Aufgabe, die mir im Kunststudium gestellt wurde: „Stellen Sie etwas Weiches dar, das etwas Hartes durchdringt. Dabei soll man die Kraft erkennen können, mit der das Weiche das Harte durchdringt, und den Prozess der Überwindung." Die größte Herausforderung dabei aber war, dass wir als Material Ton verwenden sollten. Wir durften also nicht einfach ein Foto machen von einer Blume, die den Asphalt durchstößt, oder von reißenden Wassern, die sich ihren Weg bahnen.

Wie kann man ein so abstraktes Thema in Ton darstellen? Irgendwie gelang es mir, einen Tonklotz als Quader zu formen und an der Oberfläche so etwas wie einen Vulkanausbruch zu modellieren, bei dem flüssige Lava austrat. Mit viel Fantasie hätte man das jedenfalls dafür halten können. Am Ende der fast zwei Stunden dauernden praktischen Arbeit kamen die Produkte in die Mitte des Raumes auf einen Tisch und wurden von allen Mitstudenten und dem Professor begutachtet und bewertet. Ich hielt den Atem an, denn es war mein erstes Werk, das in dieser Runde präsentiert wurde.

„Ganz gut gelungen", hörte ich zu meinem Erstaunen vom Dozenten. Ich solle nur noch die Kanten des Tonblocks schärfer hervorarbeiten, damit der Kontrast zur fließenden Lava oben noch stärker würde, dann sei alles perfekt gelöst.

Erleichterung machte sich breit. In der Woche darauf glättete ich die Kanten und tat mein Bestes, den Rest nicht zu berühren. Schließlich, am Ende der Stunde, das gleiche Ritual: alle Werke in die Mitte auf den Tisch. Der Professor, der noch in der Woche zuvor meine Arbeit so gelobt hatte, zeigte auf sie und meinte: „Das ist ja vollkommen am Thema vorbei. Hier kann man weder die Ohnmacht des Harten noch die Stärke des Weichen erkennen. Wer hat das gemacht?"

Ich zuckte zusammen. „Aber letzte Woche ..." Doch zur Gegenrede blieb keine Gelegenheit. Die netten Mitstudenten pflichteten eifrig dem Dozenten bei und ich sah mich schon, wie ich das Ganze einstampfte und neu begann. Oder aber sollte ich einfach noch eine Woche warten, die scharfen Kanten wieder auf rauen und abwarten? Ich entschied mich für Letzteres.

Liegt es im Auge des Betrachters, was stark und was schwach ist, wie die Beurteilung meines Erstlingswerks im Kunststudium nahelegt? Sicherlich auch. Denn jeder, der dieses Buch liest, sieht seine Welt durch die Brille der eigenen Erfahrungen, der eigenen Macht oder Ohnmacht, seiner subjektiv erlebten Kraft oder Unkraft. Doch wenn ich noch einmal das Thema der Kunstarbeit bedenke, sehe ich: Es gibt eine Kraft, die schwach erscheint und dennoch stärker ist als das, was stark wirkt. Dieser Kraft möchte ich auf die Spur kommen. Denn Härten des Lebens gibt es genug. In diesen Härten zu bestehen, ja sie sogar zu überwinden, ohne selbst hart zu werden, das ist die Kunst des Lebens.

Kapitel 2

Eine wunderbare Kraft –
Gottes Stärke entdecken

Überraschend stark

Das allein bedeutet Glauben: Buchstäblich keinen Boden mehr unter den Füßen und keine Kraft in sich selbst zu haben und dennoch zu vertrauen.

Manfred Hausmann

Als Studentin fuhr ich für einen Sommer nach Südfrankreich, um dort bei einer Missionsgesellschaft einen Einsatz mitzumachen. Wir wurden in kleinen Teams in die spanische Enklave in Marokko gebracht und verteilten dort vor der Grenze Traktate an die Autofahrer. Viele der Marokkaner, die aus Deutschland, Spanien, Holland oder Frankreich im Urlaub zurück in die Heimat fuhren, nahmen die Lektüre gerne an. Am Busbahnhof auf dem Weg zur Grenze wollten sogar einige einheimische Moslems unsere Schriften haben. Wir gaben jedem ein Exemplar, der es wollte. Doch dann begannen einige zu schimpfen. Eine Frau spuckte mich an und redete auf Arabisch, das ich damals noch nicht verstehen konnte. Die Verachtung in ihren Augen und die Aggression in ihrer Stimme machten mir Angst. Angespuckt zu werden war aber das Schlimmste dabei. Ich hatte ihr doch gar nichts getan! So verachtet zu werden, war hart. Ich erkannte zum ersten Mal, was Jesus meinte, als er sagte, dass wir verfolgt werden würden, weil wir zu ihm gehören. Wir können noch so nett und freundlich sein. Die Aggression richtet sich letztlich nicht gegen uns als Menschen. Sie richtet sich gegen Jesus in uns.

Schauen wir noch einmal auf Paulus. Als Jesus ihm auf dem Weg nach Damaskus begegnete, erblindete er und wurde damit auch vollkommen hilflos. Der Mann, der den theologischen Durchblick hatte, der sicher war, auf dem richtigen Weg zu sein, blickte nicht mehr durch. Er musste warten, bis Gott ihm weitere Anweisungen gab. Der Start des starken jüdischen Gelehrten in seine neue Berufung war also ein Anfang in Schwäche. Gott hatte ihn erwählt, weil er Großes mit ihm vorhatte. Doch als Erstes nahm er Saulus die eigene Kraft. Er tat das nicht aus Rache an Saulus, nicht als Erziehungsmaßnahme, sondern weil er wollte, dass Saulus die göttliche Kraft entdeckte, die nur der Schwache wirklich erfassen kann. Paulus sollte vor Könige und Herrscher treten. Vor Menschen, die weltlich gesehen alle Macht haben und sich selbst für stark und vielleicht sogar unbesiegbar halten. Aber er sollte das nicht in eigener Kraft tun, sondern sollte ein Gefäß für die Kraft Gottes werden. Ein Bote, dessen Autorität nicht in sich selbst liegt, sondern in der Botschaft dessen, der ihn gesandt hat.

Diplomat für Jesus

Ein weltlicher Diplomat hat einen langen Ausbildungsweg hinter sich. Er muss fremde Sprachen und Kulturen studieren. Er muss Mitarbeiter führen können und ihnen auch und gerade in schwierigen Zeiten gute Anweisungen geben. Er tritt auf im Namen des Landes oder auch des Herrschers, das oder der ihn gesandt hat, nicht in seiner eigenen Autorität. Paulus war ein Gesandter Gottes, einer, der nicht im eigenen Namen und in eigener Kraft handelte, sondern in der Kraft Gottes.

Doch auch als Diplomat im Dienst Gottes hatte Paulus keine Staatsmacht, die ihn verteidigte. Sein Dienst scheint begleitet zu sein von Schwäche und Ohnmacht. Das Leben des Paulus war alles andere als einfach, wie wir gesehen haben. Warum musste er so viel leiden? Hätte Gott nicht besser auf ihn aufpassen können? Warum hat Gott so viele schreckliche Dinge in seinem Leben zugelassen? Diese Fragen stellen sich sofort und wir haben schon versucht, eine Antwort darauf zu finden. Doch es gibt noch andere Fragen: Warum hat Paulus nicht aufgegeben? Warum hat er Gott nicht angeklagt? Woher hatte Paulus die Kraft, weiterzumachen, auch wenn er verfolgt wurde und seine Botschaft sein Leben in Gefahr brachte?

Natürlich, als Christen sagen wir: weil Gott ihm die Kraft dazu gab. Aber was für eine Kraft ist es, über die wir hier nachdenken, auf die wir vertrauen können, wie Paulus es tat? Wenn wir lesen: „Meine Kraft ist in den Schwachen mächtig", dann ist es für uns wichtig, wer das von sich behauptet und über welche Kraft er spricht. Schauen wir uns deshalb verschiedene Aspekte der Kraft Gottes einmal an.

Die Kraft, die Leben schafft

Die Natur, sei es als Wirkung oder als wirksame Kraft, bleibt allzeit die erste unmittelbare Offenbarung Gottes über uns.

Johann Adam Förster

Ich saß gemütlich in meinem Hotelzimmer in Sydney, Australien. Auf einmal hörte ich auf der Straße jemanden schallend lachen. Ich blickte aus dem Fenster, um zu sehen, woher dieses ansteckende Lachen kam. Doch es war kein Mensch zu sehen. Dann hörte ich es wieder und wieder, dieses schallende Lachen. Ich wunderte mich, da niemand auf der Straße war. Erst nach einigem Suchen entdeckte ich einen Vogel, der auf der Stromleitung saß und dieses unbändige Lachen produzierte. Für einen Australier wäre der Fall von Anfang an sonnenklar gewesen: Es war ein lachender Vogel. Dieser gehört in Australien zu den heimischen Vögeln wie bei uns die Nachtigall oder der Specht.

Ich musste schmunzeln, denn mir kam gleich der Gedanke: typisch Gott! Ein lachender Vogel! Nicht etwa nur ein Papagei, der das Lachen von Menschen imitiert, sondern ein Vogel, der aus sich selbst heraus lacht. Hatte ich es doch schon immer gewusst: Gott hat Humor! Gleichzeitig dachte ich, wie schade, dass wir diese Vogelart nicht in Europa beheimatet haben. Ich glaube, so ein paar ansteckende Lachsalven mitten im Alltag würden uns auch hier ganz guttun.

Die gute Ordnung Gottes

Wenn wir Gottes Schöpfung ansehen, staunen wir ganz schön, und manchmal müssen wir auch lachen. Erinnern Sie sich mit mir an einen Besuch im Zoo und an so manches Tier, das sehr fantasievoll gestaltet ist: an Pinguine in ihren schwarzen Fräcken, an Giraffen mit ihren langen Hälsen. Oder denken Sie an eine Reise in eine Ihnen bislang unbekannte Gegend, denken Sie an einen Sonnenaufgang oder Sonnenuntergang, an einen blühenden Garten oder einen dichten Wald, an das Blau eines tiefen Sees oder das Rauschen des Meeres. Das alles hat Gott geschaffen und uns so einen Lebensraum gestaltet, der alle menschliche Fantasie und Kreativität übertrifft. Jede Schneeflocke ist anders als alle anderen, jeder Mensch ein Individuum, jede Zelle des Körpers ein kleines Universum. Wir finden eine wunderbare Vielfalt, einen Reichtum an Farben und Formen, an Schönheit und Harmonie, an Funktion und Ästhetik vor, wenn wir uns die von Gott geschaffene Welt ansehen.

Das mächtige Wort Gottes

„Am Anfang schuf Gott Himmel und Erde" – so beginnt die Bibel. Und mit dieser Schöpfung Gottes beginnen das Universum, die Erde und die Menschheit ihre Existenz, ihr Leben. Mit seinem kraftvollen Wort erschuf Gott alles, was sichtbar und unsichtbar in unserem Lebensraum existiert. Ein Wort genügte, und es entstand. Gott war in seiner Trinität am Werk: Vater, Sohn und Heiliger Geist waren gemeinsam an der Arbeit. Der Vater war der Initiator, der Geist schwebte über dem Wasser und brütete das Leben aus, und das

Wort, der Sohn, schuf das Leben. Drei und doch eins (vgl. auch Johannes 1,14 und Kolosser 1,15-17).

Das Wort Gottes wird im Neuen Testament im Johannesevangelium vorgestellt.

> *Zuerst war das Wort. Ganz am Anfang war es. Das Wort. Auf Gott ausgerichtet war es. Gott selbst war das Wort. Am Anfang war es da, zu Gott hingewandt. Durch ihn, der das Wort war, entstand das All, und nichts in der ganzen Schöpfung entstand ohne ihn. In ihm – das Leben. Und das Leben war das Licht der Menschheit. Ja, in der Dunkelheit schien es auf, das Licht. Die Dunkelheit konnte es nicht überwältigen (Johannes 1,1-5).*

Jesus ist das Wort Gottes, das in die Welt gekommen ist. So wie er am Anfang das Leben und diese Welt durch das Wort geschaffen hat, so kommt Jesus als Mensch in diese Welt und bringt das neue Leben, die Erlösung aus der zerstörenden Macht der Sünde. Und genauso, wie er damals in diese Wirklichkeit hineinkam, wird er wiederkommen und mit seinem Wort diese Welt richten, wieder ausrichten auf Gott.

Doch lassen Sie uns noch einmal zurückgehen. Schauen wir uns den Anfang etwas genauer an. In den Schöpfungsberichten wird nicht von einer Art Zauberei gesprochen, bei der ein Augenzwinkern Gottes reichte, und – Simsalabim – stand alles da. Wenn wir genau hinsehen, bemerken wir: Hier geht es um Prozesse, die durch Gottes Wort ins Leben gerufen wurden. Gott setzte durch sein mächtiges Wort Dinge in Gang, die sich dann selbst weiterentwickeln und -entfalten konnten. In seinem gesprochenen Wort liegen also der Anfang der Schöpfung und die Kraft des Weiterlebens und -entwickelns. So heißt es zum Beispiel in 1. Mose 1,9: *Und Gott sprach: Es sammle sich das Wasser unter dem Himmel an besondere Orte, dass man das Trockene sehe. Und es geschah so (LUT).*

Hier ist ein Prozess beschrieben, bei dem sich das Wasser, das die Erde bedeckt hält, sammelt, sodass es trockene Stellen – Land – auf der Erde gibt. Ebenso erschafft Gott die Tiere und die Pflanzen und lässt sie teilweise prozesshaft aus der Erde hervorgehen. „Die Erde bringe hervor ..." heißt es dann (vgl. 1. Mose 1,24). Wieder wird ein Vorgang beschrieben, der von Gottes Wort ins Leben gerufen wurde.

Die Schöpfung zeigt Spuren des Schöpfers

Die Erde, die Natur und alle Lebewesen wurden nicht nur von Gottes Wort ins Leben gerufen. Sie zeigen uns auch heute noch Spuren des Schöpfers. Franz von Assisi hat in seinem Sonnengesang die Beziehung zwischen der Schöpfung und uns Menschen eindrücklich ausgedrückt, indem er uns zu ihren Geschwistern erklärt:

Höchster, allmächtiger, guter Herr,
dein ist das Lob, die Herrlichkeit und Ehre und jeglicher
Segen.
Dir allein, Höchster, gebühren sie
und kein Mensch ist würdig, dich zu nennen.

Gelobt seist du, mein Herr,
mit allen deinen Geschöpfen,

besonders dem Herrn Bruder Sonne,
der uns den Tag schenkt und durch den du uns leuchtest.
Und schön ist er und strahlend mit großem Glanz:
von dir, Höchster, ein Sinnbild.

Gelobt seist du, mein Herr,
für Schwester Mond und die Sterne,
am Himmel hast du sie geformt,
klar und kostbar und schön.

Gelobt seist du, mein Herr,
für Bruder Wind,
für Luft und Wolken, heiteres und jegliches Wetter,
durch das du deine Geschöpfe am Leben erhältst.

Gelobt seist du, mein Herr,
für Schwester Wasser,
sehr nützlich ist sie
und demütig und kostbar und keusch.

Gelobt seist du, mein Herr,
für Bruder Feuer,
durch den du die Nacht erhellst.
Und schön ist er und fröhlich und kraftvoll und stark.

Gelobt seist du, mein Herr,
für unsere Schwester Mutter Erde,
die uns erhält und lenkt und vielfältige Früchte hervor-
bringt,
mit bunten Blumen und Kräutern.

Gelobt seist du, mein Herr,
für jene, die verzeihen um deiner Liebe willen
und Krankheit ertragen und Not.

Selig, die ausharren in Frieden,
denn du, Höchster, wirst sie einst krönen.

Gelobt seist du, mein Herr,
für unseren Bruder, den leiblichen Tod;
kein lebender Mensch kann ihm entrinnen.
Wehe jenen, die in tödlicher Sünde sterben.
Selig, die er finden wird in deinem heiligsten Willen,
denn der zweite Tod wird ihnen kein Leid antun.
Lobet und preiset meinen Herrn
und dankt und dient ihm mit großer Demut.

Franziskus hat wie ein Bruder der Schöpfung gelebt und auf sie achtgehabt, sie geliebt und geschützt. Auch wenn seine Sprache und seine Symbolik uns vielleicht fremd erscheinen: Sie helfen uns, die Schöpfung wertzuschätzen und uns als Teil der Schöpfung wahrzunehmen. Das Wort, das alle diese wunderbaren Dinge geschaffen hat, ist lebendig und mitten unter uns. Die Kraft des Schöpfers und die Kraft in der Schöpfung sind bis heute aktiv in dieser Welt. Immer noch entstehen neue Planeten, neue Inseln und neue Vegetation – zum Beispiel nach Vulkanausbrüchen. Immer noch erhält Gott alles durch seine Kraft am Leben. Alle Atome dieser Welt werden durch ihn zusammengehalten, und ohne ihn würde sich alles in nichts auflösen.

Egal, wie wir uns den Vorgang der Schöpfung genau vorzustellen haben, eines ist klar und deutlich: Gott hat alles geschaffen, was existiert. Und es geschah durch sein Wort. Das Wort Gottes hat in sich die Kraft, die Neues schafft.

Und die kann und soll auch in unserem kleinen Leben sichtbar werden. Das Wort, das Gott in unser Herz fallen lässt, schafft auch in uns neues Leben. Durch sein Wort der Erlösung und Errettung beginnt es in uns. Ein unzerstörbares Leben – das ewige Leben.

Das mächtige Wort in uns

In jedem Menschen, der Gottes Wort annimmt, ist also durch das Wort und durch den Heiligen Geist die Kraft des Schöpfers aktiv. Seine Kraft ist eine gute, Leben spendende, das Leben bejahende Kraft. Gott hat zwar am siebten Tag von seiner Arbeit geruht, aber er hat sich keinesfalls zur Ruhe gesetzt. Er ist der Schöpfer und Erhalter des Universums. Und unseres Lebens.

Vielleicht wissen Sie noch, wo und von wem sie zum ersten Mal das Wort Gottes gehört haben? Ich erinnere mich gut an meine Zeiten im Kindergottesdienst. Meine Eltern gingen zwar nicht regelmäßig in die Kirche, aber sie waren sehr dafür, dass ich jeden Sonntag um 11 Uhr zur Sonntagsschule ging, wie das damals noch hieß. Hier traf ich sicher mehr als 100 Kinder und, was für mich noch viel wichtiger war, meine Schwester Wilhelmine! Von der Kaiserswerther Diakonisse, die uns die biblischen Geschichten nahebrachte, war ich begeistert. Meine Mutter erzählt mir – und ich kann mich auch selbst ein wenig daran erinnern –, dass ich, wenn ich mit ihr zum Einkaufen in unserem Stadtteil unterwegs war und irgendwo Schwester Wilhelmine auf ihrem Fahrrad sah, laut schrie und nach ihr rief, bis sie mich gesehen und gegrüßt hatte. Irgendetwas an dieser Frau faszinierte mich anscheinend so sehr, dass ich unbedingt mit ihr in Kontakt sein wollte.

Heute würde ich sagen, es war die Anziehungskraft

des gelebten Wortes Gottes. Sie erzählte mir von Jesus, sie schenkte mir die Geschichten und viele Worte der Bibel, die ich schon als kleines Kind auswendig lernte, und sie verkörperte diese Kraft Gottes, die mich anzog.

Ich denke, es lohnt sich, einmal darüber nachzudenken: Welcher Mensch hat mir als Erster das Wort Gottes nahegebracht? Wann habe ich zum ersten Mal die Kraft des Wortes Gottes erfahren?

Die Kraft der Ordnung

Ohne Ordnung geht nichts in der Welt.
Ordnung aber bedeutet für jedes geschaffene Wesen:
Unterordnung.

Julius Langbehn

Wer die Welt in Ordnung bringen will, gehe zuerst
durchs eigene Haus.

Aus China

Vor Kurzem saß ich in unserem Wohnzimmer und hörte einen großen Knall. Ich schaute durch die geöffnete Türe in mein Arbeitszimmer und sah eine große Staubwolke. Aus der Zimmerdecke unseres Fachwerkhauses war ein großer Klumpen Lehm herausgebrochen. Zum Glück saß ich nicht an meinem Schreibtisch, denn sonst wäre ich vielleicht davon erschlagen worden.

Sofort änderte sich unser Leben, eigentlich gleich mit diesem Knall. Wir suchten nach der Ursache für das Herausbrechen der Decke. Und wir stellten fest: Das Chaos hatte System. Einige alte Balken hatten sich aus ihrer Verankerung gelöst oder waren weggefault. Durch die fehlende Unterstützung war eine Spannung in der Zimmerdecke entstanden, die sich schließlich entlud. Es wurde schnell klar: Wir mussten nicht nur das Arbeitszimmer ausräumen, sondern auch die angrenzenden Räume, um alle Schäden an den Balken zu beheben und neue einzusetzen. Über Nacht mussten wir entscheiden, mehrere Räume gleichzeitig zu evakuieren.

Wir lebten also mit allem Hausrat aus Schlafzimmer, Arbeitszimmer und Küche, schön in Kisten verstaut, in unserem großen Wohnzimmer. So weit, so gut. Doch als die Umbauten immer länger dauerten, suchten wir immer häufiger und intensiver nach Dingen, die in der Hektik irgendwo eingepackt worden waren und die wir nun nicht mehr finden konnten. Wie heißt es so schön: „Wer Ordnung hält, ist zu faul zum Suchen." Wir waren nicht faul, sondern wir suchten fleißig. Und je mehr wir suchten, desto mehr Unordnung verbreiteten wir.

Mir ist nach dieser Erfahrung bis heute unverständlich, wie aus einem Chaos ohne Einwirkung von außen eine sinnvolle Ordnung entstehen soll. Die Urknalltheorie stößt bei mir auf die Grenzen meiner Vorstellungskraft. Bei uns entstand im Laufe der Zeit sogar aus der Ordnung der Kisten ein mittelgroßes Chaos. Es löste sich erst, als wir endlich wieder in den frisch renovierten Räumen unsere Kisten auspacken und unsere lange gesuchten Kostbarkeiten finden konnten.

Alles ist gut geordnet

Die Schöpfung zeigt uns, dass ein ordnender Gott aus dem Tohuwabohu, von dem die Schöpfungsgeschichte erzählt, eine Ordnung schuf. Das Ergebnis: Es war alles sehr gut. Die Natur kennt den Ablauf von Beginn und Sterben, von Säen und Ernten, von Aufbau und Abbau. Alles hat seine gute Ordnung: die Jahreszeiten, die Nahrungskette, die Vielfalt an Bodenschätzen und vieles mehr. Die Menschheit versucht seit Jahrtausenden, den Geheimnissen der Naturgesetze auf den Grund zu kommen und sie zu entschlüsseln. Und sie hat immer wieder faszinierende Zusammenhänge entdeckt. Doch man muss kein Naturwissenschaftler sein, um das festzustellen. Wir erleben es am eigenen Leib: Sobald in unserem Körper irgendein Element aus dem Ruder läuft, leidet der ganze Körper mit. So kann man zum Beispiel bei einem entzündeten und schmerzenden Zahn nicht einfach zur Tagesordnung übergehen und sagen: „Prozentual zum Rest meines Körpers ist dieses Problem unbedeutend, denn ich kann noch atmen, gehen und trinken." Nein, selbst ein Zahn kann dazu führen, dass wir nicht mehr funktionstüchtig sind und dass wir alles andere im Leben nicht mehr geregelt bekommen. Eine kleine Entzündung kann unter Umständen für den ganzen Körper gefährlich werden.

Was wir in unserem eigenen Organismus erleben, stimmt auch für die Zusammenhänge in unserer Welt. Wir finden das zurzeit durch die schlimmen Naturereignisse in vielen Ländern bestätigt, die uns hoch technisierte und weit entwickelte Menschheit überrollen. Durch die Erwärmung der Erde hat sich das Klima verändert, was unter anderem Umweltkatastrophen mit großer Zerstörungskraft zur Folge hat. Wir Menschen haben unseren Teil dazu beigetragen, die Natur zu zerstören und die Menschheit zu gefährden. Allein in den letzten fünf Jahren sind Katastrophen mit apokalyptischem Ausmaß eingetreten: eine Ölpest im Golf von Mexiko, die Explosion des Atommeilers in Japan, der nach Erdbeben und Tsunami außer Kontrolle geraten ist, Erdbeben, Überschwemmungen, das verdünnte Ozonloch, das Abschmelzen der Pole – alle diese Ereignisse mit katastrophalen Folgen zeigen uns

Menschen, dass wir trotz hochmoderner Technik an unsere Grenzen kommen und dass bereits ein einzelnes aus dem Gleichgewicht gekommenes Element verheerende Auswirkungen haben kann.

Das Leiden an der Unordnung

Doch zurück zur Schöpfung. Gott hat mit seiner Ordnung gute und das Leben erhaltende Systeme in Gang gesetzt. Im Paradies herrschten – paradiesische Zustände. Adam und Eva waren dazu eingesetzt, sich diese Welt untertan zu machen, sie zu pflegen und zu beherrschen. Doch durch die Sünde und die darauf folgende Trennung von Gott ist sowohl der Mensch als auch die gute Ordnung Gottes für die Welt ins Wanken geraten. Gottes gute Ordnung ist zu großen Teilen zerstört. Der ganze Organismus des Lebens leidet nun. Die Folge ist: Der Mensch ist nicht mehr der Hüter und Beschützer der Natur, sondern er nutzt sie egoistisch aus und zerstört sie nachhaltig. Er ist sein eigener Feind geworden. Oder, wie es Jean-Paul Sartre in seinem Buch *Huis Clos, Geschlossene Gesellschaft*, formuliert: „L'enfer, c'est les autres", übersetzt: „Die Hölle, das sind die anderen." Es ist die Schuld des Menschen, dass er seinen eigenen Lebensraum zerstört. Die gute Ordnung Gottes ist gefährdet, weil wir nicht mehr den Regeln des Schöpfers folgen.

Die Lebensregeln Gottes – seine Gebote

Gott hat uns in den Zehn Geboten eine Gebrauchsanweisung für das Leben mitgegeben. So viele Probleme würden nicht entstehen, wenn wir uns an diese guten Ordnungen Gottes halten würden. Doch wir alle kennen die Realität in dieser Welt, in der der Stärkere den Schwächeren unterdrückt und ausbeutet. In der der Schwache an den Rand gedrängt, vergessen oder übergangen wird. Einer Welt, in der immer öfter Mord und Totschlag herrschen.

Gottes Ordnung zeigt den Weg zum Leben auf. Seine Gebote sind keine kleinlichen Auflistungen von: „Du sollst nicht und du darfst nicht!" Sie sind gute Ordnungsanweisungen dafür, wie das Leben gelingen kann. Es wäre schon sehr viel gewonnen, wenn wir uns allein an die Zehn Gebote Gottes halten würden.

Als meine Großmutter vor vielen Jahren noch lebte, schenkte sie meinem Mann und mir zu Weihnachten einen Laptop, damals hätte man ehrlicherweise noch „Schlepptop" sagen müssen, denn die tragbaren Computer waren zu der Zeit noch sehr groß und schwer. Wir waren begeistert, holten unser Weihnachtsgeschenk vor ihren Augen aus dem Karton und wollten es ihr stolz präsentieren. Nachdem wir ihr den PC auf den Schoß gesetzt hatten, machte ich ihn an, doch es passierte gar nichts. Ich war entsetzt. War dieses teure Gerät etwa defekt? So viel Geld, und dann lief das Ding nicht?! Meine Oma wollte helfen und fragte: „Wo kommt denn das Papier rein?" Nun, dass man kein Papier wie bei einer Schreibmaschine hineinstecken musste – so viel wusste ich auch schon. Doch ehrlich gesagt: Ich hatte damals noch nicht viel Erfahrung mit Computern und war mit meinem Latein schnell am Ende.

Direkt nach den Feiertagen brachten wir das Gerät zum Händler zurück. „Es läuft nicht", sagte ich vorwurfsvoll. „Welches Betriebssystem und welche

Software haben Sie denn aufgespielt?", war die Frage des Fachmanns. Ich hatte keine Ahnung. Doch dann kam ziemlich schnell heraus: Wir hatten nur die Hülle gekauft, nur die Hardware, kein Betriebssystem, kein Programm. So konnte der PC nicht laufen.

Heutzutage installieren sich Computer wie von selbst, wenn man sie das erste Mal benutzt. Damals jedoch musste man noch alle Programme von Hand aufspielen. Es war also mein eigener Fehler, dass ich den Laptop nicht nutzen konnte. Ich brauchte ein Betriebssystem. So ist es auch mit unserem Leben. Wir bekommen es geschenkt, anvertraut, für einige Jahre zur Nutzung uberlassen. Doch welches System läuft in uns ab? Welche Ordnung haben wir in unserem Leben, mit dem wir dann die verschiedensten Programme laufen lassen können?

Gott hat eine Gebrauchsanweisung für unser Leben hinterlassen. Seine gute Ordnung kann aus unserem Leben das Beste herausholen. In der Schöpfung sehen wir beispielsweise, dass er einen Rhythmus von Tag und Nacht eingebaut hat. Von Arbeiten und Ruhen. Wer diese Ordnung über längere Zeit missachtet, gerät aus dem Gleichgewicht und läuft Gefahr, über seine Kräfte zu leben und auszubrennen. Manche Kraftlosigkeit im Alltag lässt sich darauf zurückführen, dass wir zu wenig schlafen, zu wenig ruhen, zu viel arbeiten, zu viel powern. Selbst Gott ruhte am siebten Tag von seiner Arbeit. Tag und Nacht, Alltag und Ruhetag bringen einen kraftspendenden Rhythmus in unser Leben.

Wenn wir an Beziehungen zwischen Menschen denken, fallen uns all die Spannungen und Konflikte ein, die wir mit unseren Mitmenschen haben. Uns an die gute Ordnung Gottes zu halten, unseren Nächsten zu lieben wie uns selbst, würde uns manchen Stress ersparen. Vergebung ist der Schlüssel zu friedvollem Miteinander.

Wir sehen: Das Wort Gottes ist voll von Anleitungen, wie das Leben gelingen kann und wie wir dadurch Kraft bekommen. Der Schlüssel ist immer die Liebe.

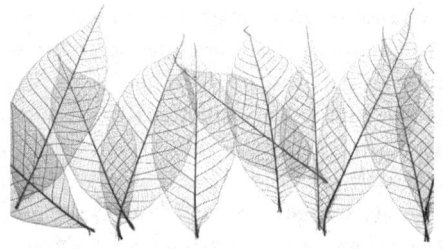

Die Kraft der Liebe

Das innerste Wesen der Liebe ist Hingabe. Gott, der Liebe ist, verschenkt sich an die Geschöpfe, die er zur Liebe erschaffen hat.

Edith Stein

Wie immer am Abend wird das Kind von den Eltern ins Bett gebracht. Doch es wird an diesem Abend nicht einschlafen wollen, weil sein geliebtes Stofftier, sein ständiger Begleiter, verloren gegangen ist. Der arme Teddy hat nur noch ein Auge, abgewetzte Stellen im Bärenfell, die Beine hängen am seidenen Faden, und dennoch liegt die ganze Liebe dieses Kindes auf seinem Kuscheltier. Für die Eltern stellt der Verlust des kleinen Gefährten eine große Herausforderung dar: Wie sollen sie ihr Kind jetzt zum Einschlafen bewegen? Und wie sollen sie es angemessen trösten?

Ich frage mich, ob die Eltern bei allem Stress, der jetzt beim Zubettgehen entsteht, überhaupt sehen können, dass die Trauer des Kindes ein gutes Zeichen ist. Ein Zeichen, dass es sich emotional binden kann. Dass es weder von materiellem Wert noch von Äußerem abhängig ist, sondern dass es ganz von der Beziehung zwischen ihm und dem Teddy her denkt. Dass es lieben kann. Natürlich, so höre ich jetzt viele erfahrene Eltern und Pädagogen sagen, muss das Kind lernen, loszulassen und zu verlieren, was ihm lieb ist. Ja, das stimmt auch. Beide Seiten gehören zum Leben dazu.

Das Beispiel erinnert mich ein wenig an uns und Gott. Auch wir haben unsere abgewetzten Stellen, unsere Schmutzflecken und Verletzungen. Und dennoch liebt uns Gott – ja, er will nicht ohne uns sein und sucht unermüdlich nach uns, wenn wir verloren gehen. Letztlich kann man nur staunend fragen, was Gott denn an uns Menschen Gutes findet, dass er uns immer noch liebt.

Sicherlich: Das Beispiel vom Kind und seinem Teddy hinkt, denn Gott ist kein Kind und er ist nicht emotional abhängig von uns Menschen. Aber es hilft mir, die unvergleichliche und unverständliche Liebe, mit der Gott an seinen Menschen und an seiner Schöpfung hängt, ein wenig besser zu verstehen. Wie sonst könnte man sich erklären, dass Gott uns Menschen nicht längst unserem Schicksal überlassen hat? Dass er sich nicht mehr dazu hinreißen lässt, alles zu vernichten, wie damals bei der Sintflut? Er hat in seiner Liebe zu den Menschen den Weg gefunden, der unser tödliches Dilemma beenden kann. Er kam in Jesus selbst in diese Welt, nahm in seiner Liebe zu uns die Strafe für unsere Schuld auf sich und starb an unserer Stelle. Der gerechte Gott konnte nicht Unrecht zu Recht erklären, konnte aber auch nicht Sünde ungestraft lassen. Er konnte nicht einfach fünfe gerade sein lassen. Aber er konnte selbst in den Riss treten, das Urteil auf sich nehmen und den Weg zurück zu Gott für uns Menschen frei machen. So eine starke Liebe, so eine unvorstellbare Selbstaufgabe, solch eine rettende Kraft der Liebe ist in Gott allein zu finden.

Diese Liebe, die in Jesus Christus Mensch geworden ist, kann alle Grenzen überwinden, auch die des Todes. Wer an Jesus glaubt, der ist mit ihm durch das Gericht Gottes hindurchgegangen und ist schon jetzt im neuen Leben mit Gott angekommen. Vergebung und Neuanfang sind auf diesem Weg jederzeit möglich.

An meiner Bürotür in Marburg hängt ein Schild: „I love my church – denn wer die liebt, der liebt wirklich!" Ich habe es nicht aufgehängt, weil der Christus-Treff so furchtbar und schwer zu lieben wäre, im Gegenteil. Aber ich glaube, dass die Gemeinde der Ort ist, wo man lernt, wirklich zu lieben. Letztlich trifft man dort immer auf Menschen, die Nöte haben, die ihre Schwächen mitbringen, die an Gott und aneinander schuldig werden. Eigentlich ist eine Gemeinde im übertragenen Sinn ein großes Krankenhaus. Und Jesus der Arzt, der jedem genau da hilft, wo er Hilfe braucht. Die Kraft seiner Liebe hält diese Welt am Leben und gibt uns jeden Tag neu die Chance, umzukehren und Gottes Liebe zu erwidern. Die Kraft seiner Liebe wird in den Menschen stark, die sich ihm anschließen, die mit ihm verbunden sind. Von ihnen erwartet er sogar, dass sie mit seiner Kraft selbst ihre Feinde lieben können.

Liebe in dunklen Zeiten

Die holländische Uhrmacherin Corrie ten Boom und ihre Schwester Betsie wurden 1944 in das Frauenkonzentrationslager Ravensbrück deportiert. Sie hatten während der Besatzung durch die Nationalsozialisten einige Jahre lang in ihrem kleinen Häuschen in Haarlem, Holland, Juden versteckt. In ihrer Lebensgeschichte, festgehalten in dem Buch und gleichnamigen Film *Die Zuflucht* sehen wir, was es bedeuten kann, seine Feinde zu lieben.

Betsie, deren Gesundheit schon vor dem Aufenthalt im Konzentrationslager angeschlagen war, war äußerlich gesehen sicherlich die schwächere der beiden Schwestern. Aber in ihrem Glauben und ihrer Liebe für alle Menschen war sie für viele, und sicher auch für Corrie, ein starkes Vorbild. Sie konnte selbst unter den schlimmsten Umständen im Konzentrationslager echte Liebe für die Mitgefangenen und sogar für die Wärter und Mörder empfinden.

Auf wunderbare Weise war es den beiden Schwestern gelungen, eine Bibel in das Lager zu schmuggeln, die sie wie einen großen Schatz hüteten. Nach der harten Arbeit und den demütigenden Schikanen tagsüber lasen sie den Mitgefangenen abends und nachts daraus vor und beteten mit ihnen. Viele der Frauen lernten deshalb an diesem schrecklichen Ort, mitten im Konzentrationslager Ravensbrück, Jesus kennen.

Für alles danken

Für Corrie selbst war es schwerer, ihre Situation zu akzeptieren und mit den Umständen klarzukommen, als für ihre Schwester. Betsie ermutigte sie, sogar für die Flöhe zu danken, die die Frauen in ihrer Baracke nachts so quälten. Warum? Weil die Flöhe verhinderten, dass die Wärterinnen dorthin kamen. So hatten sie wenigstens an diesem Ort eine Zuflucht vor dem brutalen Zugriff des Naziregimes.

Betsie verstarb im Konzentrationslager. Ihre letzten Worte an Corrie lauteten: „Es gibt kein Loch, das so tief ist, dass Gottes Liebe nicht noch tiefer wäre."

Als Corrie nach einiger Zeit das Lager verlassen konnte, begann Gott an ihrem Herzen zu arbeiten. Sie empfand noch lange Zeit Abscheu, ja vielleicht sogar Hass für die Deutschen, die den Tod ihres Vaters und ihrer Schwester und von Millionen anderen unschuldigen Menschen auf dem Gewissen hatten. Doch eines Tages traf sie eine ehemalige Aufseherin aus dem KZ, die zu einem ihrer Vorträge angereist war. Corrie kämpfte lange mit sich, bis sie dieser Frau die Hand reichen konnte. Nur durch die Erkenntnis, dass Gott alle Menschen liebt, war es ihr möglich, dass sie ihrer Peinigerin vergeben konnte. Später reiste Corrie durch viele Länder der Erde und predigte über Hass und Vergebung, über Leiden und Versöhnung. Ihr Dienst hat tiefe Segensspuren in aller Welt hinterlassen.

Gottes Liebe ist stärker als Hass. Gottes Liebe ist die Kraft, die frei macht, auch von Bitterkeit und Feindschaft. In unserem Leben gibt es ebenfalls Menschen, die uns Leid zugefügt haben. Oftmals halten wir diese Erfahrungen von Unrecht und Schmerz tief in unserem Herzen fest. Allein die Erinnerung an manche Erlebnisse schmerzt so sehr, dass wir sie vergraben und verdrängen. Doch negative Gedanken und Ablehnung machen sich bemerkbar. Wir können manchen Menschen nicht mehr in die Augen sehen, ja sogar ihre Anwesenheit allein ist kaum zu ertragen. Uns geht es wie Corrie; wir sind nicht bereit, zu vergeben. Das raubt uns auf Dauer Kraft und behindert uns. Unser Herz kann durch die Härte an dieser Stelle kalt werden wie ein Eisblock.

Nur die Liebe Gottes ist stark genug, dieses Eis zu schmelzen. Sein Licht deckt auf und seine Liebe hat

solche Macht, dass sie das Eis wie Sonnenstrahlen auf-
taut. Ohne seine Liebe bleibt es dunkel und kalt. Doch
wo ich Gottes Liebe spüre, wo ich sie aushalte und
an mich heranlasse, schmilzt mein Widerstand. Seine
Liebe hat die Kraft, alles neu zu machen. Auch meine
Beziehung zu Menschen.

Die Kraft, die Wunder tut

Wunder gibt es, um uns zu lehren,
überall das Wunderbare zu erkennen.

Augustinus

Mal unter uns gefragt: Wer von uns hat schon einmal ein echtes Wunder erlebt? Eines, das in den Schlagzeilen der Tageszeitungen nachzulesen ist? Eines, das alle davon überzeugt, dass Gott dieses Wunder getan hat?

Katja Ebstein besang in einem Lied das Wunder einer neuen Liebe: „Wunder gibt es immer wieder, heute oder morgen können sie geschehn. Wunder gibt es immer wieder, wenn sie dir begegnen, musst du sie auch sehn." Ja, es ist ein Wunder, wenn Menschen sich lieben, wenn sie den Richtigen oder die Richtige fürs Leben finden. Aber es ist oft auch harte Arbeit, bei ihm oder bei ihr zu bleiben.

Immer wieder hören wir Geschichten von wundersamen Rettungen aus größter Gefahr. Nach dem Attentat auf das World Trade Center am 11. September 2001, dem schlimmen Erdbeben in Haiti am 12. Januar 2010 oder dem Tsunami in Japan am 11. März 2011 hörte man von Wundern, denn auch mehrere Tage nach der Katastrophe konnten noch einzelne Menschen lebend aus den Trümmern geborgen werden – und das, wo es eigentlich kaum noch Hoffnung gab.

Doch obwohl wir auch heute noch Wunder erleben, sind sie irgendwie aus der Mode gekommen. Man glaubt nicht mehr daran, dass Gott Wunder tut. Alles kann man erklären, und wenn man es nicht kann, lässt man die Fragen offen und geht zur Tagesordnung.

über. Gott spielt in unserer Zeit keine Rolle mehr und kommt von daher auch nicht als möglicher Verursacher eines Wunders in Betracht. Und auch wenn wir als Christen die Tatsache, dass für Gott alles möglich ist, theoretisch bejahen, müssen wir doch vielleicht ehrlich zugeben, dass wir im Alltag nur selten tatsächlich mit seiner übernatürlichen Kraft rechnen.

Eine wunderlose Zeit

In Israel gab es in der Geschichte immer wieder Phasen, in denen das Volk Gottes viele Zeichen und Wunder erlebte, wie zum Beispiel während des Exodus. Gott rettete sein Volk aus der Unterdrückung durch die Ägypter. Er spaltete das Meer, damit sie hindurchgehen konnten. Täglich versorgte Gott sein Volk in der Wüste mit Manna und Wachteln. Er führte sie zu Wasserquellen. Er bewahrte sie in Krankheitsnöten und beschützte sie vor Feinden.

Doch es gab auch Zeiten, in denen Gott ganz fern schien, in denen das Volk der Juden scheinbar nicht mehr viel von ihm hörte oder mit ihm erlebte. Jesus wurde in eine solche Zeit hineingeboren. Das Land Israel war vom heidnischen Feind erobert und besetzt. Die Römer zeigten unbarmherzige Härte und Stärke. Das religiöse Leben beschränkte sich auf den persönlichen Glauben und auf die Aufrechterhaltung des Tempeldienstes, wenn auch unter erschwerten Bedingungen. Es gab keine Propheten, keinen starken König auf dem Thron, keine Anzeichen von Rettung. Es war, als würde Gott zu allem schweigen.

Ein Wunder nach dem anderen: Zacharias

Doch dann geschah eine Reihe von wundersamen Dingen: Der Priester Zacharias war unter den Priestern im Tempel ausgelost worden, das jährliche Weihrauchopfer zu bringen. Als er am Altar stand, erschien ihm ein Gottesbote, ein Engel. Ihm und seiner Frau wurde die Geburt eines Kindes vorausgesagt. Voller Zweifel entgegnete er, dass sie beide alt seien und seine Frau über die biologische Zeit des Kinderkriegens hinaus. Der Engel Gabriel kündigte daraufhin an, dass Zacharias seine Sprache verlieren würde, bis das Kind geboren sei. Und so geschah es. Erst als Johannes nach jüdischer Tradition beschnitten werden sollte, bekam Zacharias seine Stimme zurück. Und er lobte Gott für all diese Wunder.

Das Wunder für diese Welt: Jesus

Maria erlebte ihr erstes Wunder, als ihr ein Engel erschien und ihr verkündete, dass sie den Messias zur Welt bringen würde. Und das auf übernatürliche Art und Weise, denn dieses Kind würde nicht von einem Menschen gezeugt werden. Josef erlebte sein erstes Wunder, als ein Engel zu ihm kam und ihn ermutigte, seine Verlobte nicht zu verlassen. Das Kind in ihrem Bauch stamme nicht von einem Menschen. Er ließ sich infolgedessen darauf ein, bei Maria zu bleiben. Und so war er mit dabei, als Jesus im Stall geboren wurde und als die Hirten und die Weisen zu ihm kamen, um ihn anzubeten.

Als Jesus schließlich seinen öffentlichen Dienst in Israel begann, wirkte er unheimlich viele Wunder. Dabei war ihm wichtig, dass nicht über das gesprochen wurde, was er tat, sondern dass die Menschen seine Worte hörten und verstanden. Die Evangelien sind voll von Berichten über die Wunder, die Jesus tat. Die Naturgewalten mussten ihm gehorchen, Krankheiten mussten weichen und Tote wurden wieder lebendig. Die Wunder zeigten, dass Gott immer noch Gott war. Und sie bestätigten Jesus als den von Gott Gesandten, den Menschensohn, den Messias.

Jesus tat Wunder, immer und immer wieder. Doch an den entscheidenden Stellen seines eigenen Leidens verzichtete er darauf. Bei seiner Gefangennahme hätte er ohne Probleme ganze Heerscharen von Engeln zu seiner Verteidigung auffahren lassen können. Selbst als er am Kreuz hing, hätte er das Wunder tun und herabsteigen können. Aber er tat es nicht. Er wählte den Tod und ließ sich widerstandslos hinrichten.

Gottes Wunder entdecken

Gott tut heute noch Wunder. Das Problem ist, dass wir verlernt haben, sie zu sehen. Ist es nicht auch ein Wunder, wenn ich nach einer Virusgrippe wieder gesund werde? Wenn ich nach einer langen Autofahrt auf schneebedeckten Straßen bewahrt zu Hause ankomme? Wenn ich eine gute Arbeit finde, die meinen Begabungen entspricht und mich erfüllt? Wenn meine Kinder gesund auf die Welt kommen? Wenn ich jeden Tag die Kraft finde, meine Krankheit zu tragen und dabei dennoch dankbar zu sein? Wenn ich nach einer Zeit der Trauer wieder fröhlich lachen kann?

„Thauma", so das griechische Wort für Wunder, beschreibt etwas, das man sich nicht erklären kann, das übernatürlich erscheint, das nicht wiederholbar oder von Menschen machbar ist. Wunder kann man nicht erklären, nicht beweisen, nicht vermitteln. Man muss sie selbst erleben. Und das können Sie, denn er tut heute noch Wunder, wie es Samuel Harfst in einem Lied beschreibt:

> *Und er tut heute noch Wunder,*
> *Stunde um Stunde,*
> *Tag für Tag.*
> *Tut der Herr heute noch Wunder,*
> *Stunde um Stunde,*
> *Tag für Tag,*
> *Tag für Tag.*

Strecken Sie sich aus nach der Kraft, die Wunder tut!

Die Kraft, die verändert

Wenn der Wind der Veränderung weht,
bauen die einen Mauern und die anderen Windmühlen.
Aus China

Wir waren mit ca. 100 Teilnehmern aus dem Christus-Treff auf einer Osterfreizeit auf dem Dünenhof in Cuxhaven und hatten am letzten Abend einen Passionsweg aufgebaut, den die einzelnen Teilnehmer durchlaufen konnten. Das Kinderprogramm hatte während der Urlaubswoche alles vorbereitet, gebastelt, gemalt, Lagerfeuerholz gesucht und dann den Parcours aufgebaut.

Zunächst gab es die Station „Das letzte Abendmahl", an dem eine Fußwaschung stattfand. Dann ging es über den Garten Gethsemane mit der Frage „Würde ich mit Jesus wach bleiben?" weiter zu einem Lagerfeuer, an dem einige erwachsene Mitarbeiter in Decken gehüllt standen und sich wärmten. Jeder, der dorthin kam, wurde von ihnen angesprochen: „Gehörst du auch zu diesem Jesus? Der wird gerade dort hinten verhört und gefoltert. Bist du auch einer von seinen Leuten?" Es war dunkel, und Verunsicherung machte sich breit. Manche sagten Ja, manche Nein. Wer Ja sagte, musste damit rechnen, von Soldaten abgeführt und unter der Rutsche auf dem Spielplatz in eine Art Gefängnis geworfen zu werden. Von dort wurde er nach einiger Zeit wieder freigelassen. Alle, die diese spontanen Verhaftungen mitbekamen, wurden vorsichtiger mit ihrer Antwort, ob sie denn auch zu Jesus gehörten ...

An der nächsten Station stand ein lebensgroßes Kreuz. Davor kniete ein Mitarbeiter und guter Schauspieler, der weinte und so tat, als würde Jesus noch am Kreuz hängen. Er sprach von der Enttäuschung, dass Jesus nun tot sei. Von der Angst der Jünger, wie es denn jetzt weitergehen solle. Von hier holte ich jeden Teilnehmer einzeln ab. Ich verband ihm die Augen und nahm ihn mit auf einen Weg kreuz und quer durch die Dünen, bergauf und bergab, bis er die Orientierung verlor. Erst reichte ich ihm die ganze Hand, dann nur noch einen Zeigefinger. Auf dem Weg flüsterte ich ihm zu: „Wir müssen uns verstecken. Sie suchen schon nach uns. Sie wissen, dass wir auch Jesus nachfolgen. Wenn sie uns erwischen, werden sie uns gefangen nehmen. Versteck dich und verhalte dich ruhig!"

Mit diesen Worten ließ ich jeden in einer kleinen Kuhle zwischen den Dünen mit verbundenen Augen zurück. Alle wussten, dass noch mehr Leute dort saßen, denn sie hörten ja immer wieder, dass ich jemanden dorthin brachte. Dennoch redete keiner mit den anderen. Manche berichteten hinterher, dass sie richtig Angst bekommen hatten und dass sie sich jetzt sehr gut vorstellen konnten, wie es den Jüngern ergangen war.

Einige Zeit später holte ich sie alle wieder einzeln ab und brachte sie zu einem leeren Grab, das wir am anderen Ende des Gartens aufgebaut hatten. Dort nahm ich die Augenbinde ab und sagte: „Jesus ist auferstanden. Er lebt!" Erleichterung machte sich breit, und manchmal stiegen sogar Freudentränen in die Augen der Teilnehmer.

Bis heute höre ich, dass dieser Weg durch den Parcours die Teilnehmer tief geprägt hat. Wir alle konnten durch die kleine Übung erfahren, wie ängstlich und verwirrt sich die Jünger wohl nach dem Tod Jesu gefühlt haben müssen. Sie hatten sich eingeschlossen und versteckt und der Nachricht von der Auferstehung erst gar keinen Glauben schenken wollen. Doch dann begegnete ihnen Jesus selbst. Danach hatten sie keine Zweifel mehr, dass er auferstanden war. Und dennoch trafen sie sich weiterhin hinter verschlossenen Türen.

Die Kraft des Heiligen Geistes

Erst an Pfingsten, dem Tag, an dem der Heilige Geist auf sie kam, durchbrachen sie die lähmende Angst, gingen auf die Plätze und Straßen Jerusalems und predigten öffentlich. Der Heilige Geist hatte sie erfüllt und ihnen alle Angst genommen. Seine Kraft war auf sie gekommen, wie es im Propheten Joel vorausgesagt war:

Es wird in den letzten Tagen geschehen, so spricht Gott der Herr: Ich will etwas von meinem Geist auf alle Menschen ausgießen. Eure Söhne werden prophetisch sprechen, und eure Töchter und eure jungen Männer werden Gottesgesichte sehen. Auch die Älteren unter euch werden prophetische Träume haben. Und auch auf sie, meine Diener und Dienerinnen, werde ich in jenen Tagen meinen Geist ausgießen, sodass sie prophetisch reden werden. Ich werde Wunderzeichen oben am Himmel und deutliche Zeichen unten auf der Erde geschehen lassen, Blut und Feuer und qualmenden Rauch (Apostelgeschichte 2,17-21).

Die Jünger hatten endgültig ihre Angst überwunden, denn die Kraft des Heiligen Geistes hatte sie erfasst. Jetzt waren sie nicht nur bereit, den Juden das Evangelium zu bringen, sondern später auch den Heiden. Sie waren bereit, für ihren Glauben zu leiden und auch zu sterben. Und ihr Lebensstil änderte sich radikal durch das Wirken des Geistes Gottes:

Sie nahmen die Lehre der bevollmächtigten Jesusbotschafter als Maßstab für ihr Leben. Sie teilten ihr Leben miteinander, brachen feierlich das Brot und widmeten sich dem Gebet. Alle Menschen wurden von Ehrfurcht erfasst, zumal viele Zeichen und Wundertaten durch die Apostel geschahen (Apostelgeschichte 2,42-44).

Jesus hatte den Jüngern diese Kraft bereits versprochen. In Apostelgeschichte 1,8 heißt es:

Sondern ihr werdet Kraft empfangen, wenn der heilige Gottesgeist auf euch kommen wird. Dann werdet ihr meine Botschafter sein, verlässliche Zeugen, in Jerusalem und in ganz Judäa und Samaria und bis in die letzten Winkel der Erde.

Es lag also nicht an ihrem Mut und ihrer eigenen Kraft, dass sie dem Auftrag Jesu nachkommen konnten. Erst durch den Heiligen Geist wurden aus den schwachen und ängstlichen Menschen vollmächtige Boten und öffentliche Verkündiger.

Das ist das eigentliche Wunder an Pfingsten: dass die Jünger freimütig von Jesus reden. Ohne Rücksicht auf ihr eigenes Überleben. Und dass Menschen von der Vollmacht ihrer Worte erreicht und überzeugt werden. Diese Wunder der Kraft des Geistes Gottes geschehen bis heute.

Wind der Veränderung

Ein neues Leben mit Christus zieht auch ein neues Denken und Handeln nach sich. Der Heilige Geist wirkt in uns und verändert uns von innen heraus. Etwas Neues hat begonnen und unser Leben bekommt eine neue Ausrichtung. Die Jünger begegneten der Stärke Gottes. Für uns ist es wichtig, es ihnen nachzutun.

Der Volksmund sagt: „Wes das Herz voll ist, des geht der Mund über." Und das stimmt. Da, wo wir vielleicht zu ängstlich sind, unseren Nachbarn und Freunden von unserem Glauben an Jesus zu erzählen, kann durch eine neue Erfahrung der Kraft Gottes in uns neuer Mut entstehen. Auf einmal reden wir von dem, was uns in unserem Glauben geschenkt ist, ohne Scheu und ohne Ängste. Ganze Gemeinden machen sich auf und öffnen ihre Tore für Neue und Suchende, wenn sie dem Geist Gottes Raum geben. Verknöcherte Strukturen können aufbrechen, wenn wir Gott erlauben, unter uns Wunder zu tun, uns in unserem frommen Alltag zu überraschen, ja sogar zu unterbrechen.

Becky Pippert, eine gefragte amerikanische Evangelistin und Rednerin, erzählte folgendes Beispiel: In der Zeit der Hippies und des Flower Power gab es in Amerika auch eine große Bewegung von jungen Menschen hin zu Jesus. In einer Universitätsstadt mit einer großen Kirchengemeinde, deren Besucher der Mittelschicht angehörten, kamen alle in bester Sonntagsgarderobe in die Kirche, jeder verhielt sich so, wie es sich für einen Gottesdienst „gehörte". Doch dann kam eines Tages ein junger Hippie in die Gemeinde. Er hatte sich am Tag zuvor bekehrt und morgens spontan überlegt, seine neuen Geschwister im Herrn zu besuchen und ihnen mitzuteilen, dass er jetzt einer von ihnen war. Bei seiner Suche nach einer Kirche war er als Erstes auf diese Gemeinde gestoßen.

Freudestrahlend betrat er das Gebäude. In diesem Moment drehten sich alle mit strafendem Blick nach ihm um, denn er war zu spät. Doch er grüßte freundlich nach links und rechts und ging immer weiter nach vorne, weil es in den Reihen keine freien Plätze mehr gab. Barfuß und in Hippiekleidung setzte er sich schließlich vorne am Altar auf den Boden und freute sich, gemeinsam mit den anderen Gottesdienst zu feiern. Viele der Anwesenden waren empört und waren gespannt, wie der Pastor wohl reagieren würde.

Doch dann erhob sich aus einer der letzten Reihen ein sehr alter Mann und ging, auf seinen Stock gestützt, ebenfalls nach vorne. Alle hielten die Luft an. Jeder dachte in seinem Herzen: Was auch immer er jetzt gegen diesen Eindringling tut, er ist im Recht damit. Mit jedem Schritt, den der alte Mann nach vorne ging, hörte man seinen Stock auf dem Steinfußboden aufsetzen. Doch als er bei dem Hippie angelangt war, setzte er sich einfach zu ihm auf den Fußboden. Der Pastor, der das Ganze auch gespannt beobachtet hatte, sagte daraufhin: „Ich glaube, dass meine Predigt heute morgen gar nicht mehr so wichtig ist. Ihr werdet euch sowieso nur noch an das erinnern, was unser Ältester gerade getan hat. Genau das entspricht Jesus. Und dieses Beispiel ist Predigt genug."

Das verstanden die Leute sofort. Sie entdeckten

gemeinsam mit den Hippies, dass der Heilige Geist manchmal neuen Wind und Veränderung in die Gemeinden bringt. Und dass es sich lohnt, dafür offen zu sein. Die Gemeinde wurde mit vielen anderen Gemeinden zu einem Stützpunkt für die Erweckung unter den jungen Leuten der Siebzigerjahre. Und ihre Arbeit ist bis heute gesegnet.

Die erste Gemeinde hatte es in dieser Hinsicht auch nicht leicht. Immer mehr Menschen kamen hinzu, viele davon hatten keinerlei Bildung, lebten als Sklaven, waren vorher im Götzendienst aktiv gewesen und wussten noch gar nicht, wie ein Leben als Christ aussehen könnte. Es heißt in der Apostelgeschichte, dass Gott täglich Menschen hinzutat zur Gemeinde. Das Wirken des Heiligen Geistes schaffte neues Leben für die Einzelnen, aber auch neues Leben für die Gemeinde.

Auch für uns heute gilt, dass wir die Wunder Gottes brauchen, dass wir die Kraft des Geistes Gottes brauchen, damit aus ängstlichen Menschen solche werden, die mutig weitermachen können. Dabei geht es nie darum, stark und unabhängig zu werden. Ganz im Gegenteil. Je mehr wir unsere Schwäche annehmen, desto abhängiger werden wir von Gott. Von seiner Kraft – die Leben schafft, weise ordnet, unendlich liebt, Wunder tut und Veränderung bewirkt. Diese unglaubliche Kraft Gottes haben wir uns in diesem Kapitel angesehen. Doch wie beschreibt uns die Bibel die Kraft Gottes noch? Kann jemand stark und mächtig sein und dennoch für uns Menschen nahbar?

Kapitel 3

Siegreich auf Gottes Art –
Jesus: schwach und doch stark

Die Schwäche des Kindes

Das ist das Wunder der heiligen Weihnacht,
dass ein hilfloses Kind unser aller Helfer wird.

Friedrich von Bodelschwingh

Am Beispiel des Lebens Jesu sehen wir sehr gut, wie
Gott unsere Vorstellungen von Stärke und Schwäche,
von Macht und Ohnmacht auf den Kopf stellt. Hier
zeigt sich, was wahre Stärke und was wahre Schwäche ist.

Als Kind geboren

Als Jesus geboren wurde, kam er als hilfloses Kind einer armen Familie auf die Welt. Sein erstes Bettchen
war eine Krippe in einem Stall, und er war umgeben
von Tieren und nicht von Würdenträgern und reichen
Herrschern. Dann kamen die Hirten, die ihm ihre Auf-
wartung machten. Mal ehrlich: Hätte man das nicht
besser inszenieren können? In einem Palast mit Glanz
und Glitter, mit golddurchwebten Stoffen an den
Wänden, Jesus in einem schönen Himmelbettchen lie-
gend, mit Dienstpersonal im Zimmer und Ehrfurcht
gebietenden Soldaten vor der Eingangstüre? Ja, man
hätte. Und wir Menschen hätten es sicher holly- oder
bollywoodreif inszeniert und schon mit dem Kommen

des Messias in diese Welt deutlich erkennbare Zeichen seiner Stärke und Macht gesetzt.

Doch es war ganz anders. Gott hat diesen einfachen und schlichten Weg hinein in diese kaputte und verrückte Welt gewählt. Bewusst gewählt, denn Jesus, das Baby in der Krippe, war absolut schwach und ohnmächtig, und dennoch zitterten schon bei seiner Geburt die vermeintlich Starken, die Machthaber seiner Zeit vor Angst. Sie schienen zu spüren, dass mit dem Kommen dieses Kindes ihre Herrschaft ein Ende finden würde. König Herodes war bestürzt, als die Sterndeuter aus dem Orient kamen und ihm erklärten, dass ein neuer König geboren sei und sie gekommen waren, um ihn zu ehren. Er wollte daraufhin herausfinden, wo sich dieses Kind befand, damit er es töten konnte. Wieso hatte ein mächtiger und von den Römern gestützter König Angst vor einem Baby?

Welten treffen aufeinander

An der Krippe begegneten sich die vermeintlich Schwachen, die aber letztlich stark sind, und die Starken, die ohne Insignien der Macht zu dem Kind im Stall kommen. Die Hirten und die Engel waren die Ersten, die in der Geburtsstunde zugegen waren. Hirten waren in der damaligen Zeit nicht hoch angesehen. Man fand sie nicht auf den Gästelisten der oberen Klasse und der Reichen. Sie saßen nicht an langen, gedeckten Tafeln, sie bestimmten nicht die Tagespolitik. Sie waren tagein, tagaus bei ihren Tieren in der freien Natur. Die Schafe waren ihre „Gesellschaft". Die Wiesen waren ihre „Tafel", an der sie saßen und aßen. Doch jetzt geschah das Unglaubliche: Sie waren die

Ersten, die die Welt verändernde Nachricht erhielten: „Denn euch ist heute der Heiland geboren ..."

Mit ihnen kamen die Engel. Genauer gesagt hatten die Engel die Hirten zur Krippe eingeladen. Die Engel, die in der direkten Gegenwart Gottes leben, die mächtig und herrlich sind, die große Kraft und Autorität haben, sangen ihr wunderbares Loblied auf den Herrn des Himmels und der Erde. Sie waren sicherlich die mächtigsten und stärksten Gäste im Stall. Doch sie kamen nicht, um ihre Kraft zu zeigen, sondern um das hilflose Kind in der Krippe zu ehren. So wie sie es vor der Geburt Jesu schon seit Ewigkeiten im Himmel getan hatten. Die menschliche Welt – vertreten durch arme Leute – und die himmlische Welt – vertreten durch die Menge der Engel – begegneten sich in der Gegenwart des Kindes.

Wenig später kamen die Weisen aus dem Orient zur Krippe. Sie brachten kostbare Geschenke mit, stellten ihren Reichtum zur Schau. Sie hatten eine Stärke, die sie zu mächtigen und wohlhabenden Persönlichkeiten gemacht hatte: Sie konnten die Sterne deuten, wodurch sie sich von den anderen Menschen ihrer Zeit abhoben. Auf diese Weise hatten sie auch erfahren, dass ein neuer König geboren werden würde. Sie folgten daraufhin dem Stern, ohne zu wissen, was sie erwartete. Doch sie waren bereit, sich der Herrschaft des neuen Königs zu unterwerfen und sich ihm anzuvertrauen. Sie kamen zum Kind in der Krippe und erkannten es als König, ja sogar als ihren rechtmäßigen König an.

In der sichtbaren und unsichtbaren Welt wird durch das Eintreffen der Hirten, der Engel und der Weisen an der Krippe deutlich, was Gott vorhat: Er wird die Werte der Menschen auf den Kopf stellen. Was hoch ist, soll erniedrigt werden, und was niedrig ist, soll erhöht werden. Dazu ist Jesus in diese Welt gekommen. Und diese Nachricht erreichte zuerst die vermeintlich Schwachen, nämlich die Hirten. Doch auch die augenscheinlich Reichen und Starken, nämlich die Sterndeuter, erkannten ihren Herrn und König an und beugten ihre Knie vor dem Kind, dem Sohn Gottes.

Doch in ihm hat die ganze Fülle der Wirklichkeit Gottes körperliche Gestalt angenommen und wohnt in ihm (Kolosser 2,9).

Durch diesen Wandel der Verhältnisse wird klar, wer hier der eigentliche Herr ist. Das schwache Baby in der Krippe braucht keine Herrschaftsinsignien, um seine Macht zu erhalten oder zu zeigen. Alle, die mit Gottes Augen sehen lernen wollen, entdecken in diesem kleinen Kind den kommenden König der ganzen Welt.

Lobt Gott, ihr Christen, alle gleich
in seinem höchsten Thron,
der heut schließt auf sein Himmelreich
und schenkt uns seinen Sohn,
und schenkt uns seinen Sohn.

Er kommt aus seines Vaters Schoß
und wird ein Kindlein klein,
er liegt dort elend, nackt und bloß
in einem Krippelein,
in einem Krippelein.

Er äußert sich all seiner G'walt,
wird niedrig und gering,
und nimmt an eines Knechts Gestalt,
der Schöpfer aller Ding,
der Schöpfer aller Ding.

Er wechselt mit uns wunderlich:
Fleisch und Blut nimmt er an
und gibt uns in seins Vaters Reich
die klare Gottheit dran,
die klare Gottheit dran.

Er wird ein Knecht und ich ein Herr;
das mag ein Wechsel sein!
Wie könnt es doch sein freundlicher,
das herze Jesulein,
das herze Jesulein.

Heut schließt er wieder auf die Tür
zum schönen Paradeis:
Der Cherub steht nicht mehr dafür,
Gott sei Lob, Ehr und Preis!
Gott sei Lob, Ehr und Preis!

Nikolaus Hermann, 1554

Die härteste Versuchung

*Wer in Trübsal und Versuchung beständig
und inbrünstig betet, der kämpft mit Jesu
im Todeskampf wider den Teufel.*

Thomas von Kempen

Wissen Sie, wo ich immer wieder gute Anregungen für leckere Speisen bekomme? In einer Fastenklinik. Das mag auf den ersten Blick absurd klingen. Aber wer schon einmal in einer solchen Klinik war, weiß, dass jeder dort über das Essen spricht. Ich habe vor fast zwanzig Jahren damit begonnen, wenn möglich einmal im Jahr in diese wunderbare Fastenklinik in der Rhön zu fahren. Die ersten Jahre habe ich dort richtig gefastet, um die schädlichen Restbestände einer Chemotherapie loszuwerden und meinen Körper von den Giften zu reinigen. Mittlerweile genieße ich dort die guten Therapien und das leckere, vollwertige Essen. Doch gehöre ich zu den wenigen, die während ihres Aufenthalts Nahrung zu sich nehmen. Fast alle, die dort sind, fasten freiwillig und aus vollster Überzeugung.

Und doch wird bei jeder Mahlzeit – und das ist in der Klinik für die Fastenden morgens ein Glas Möhrensaft, mittags eine Gemüsebrühe und abends ein Tee mit einem Esslöffel Honig – mit wachsender Begeisterung über Essen gesprochen. Die besten Rezepte werden ausgetauscht, es wird an den Tischen in Erinnerungen an Lieblingsessen geschwelgt, über den letzten Braten, das letzte Stück Kuchen vor dem Fasten gesprochen, und es werden bereits Pläne gemacht, was man alles kochen wird, wenn man erst wieder zu

Hause ist. Bei meinen ersten Fastenzeiten kam ich jedes Mal mit mehreren neuen Koch- und Backbüchern bestückt nach Hause zurück, die ich mir während des Fastens genüsslich angeschaut hatte. Ich hatte von langer Hand geplant, welche neuen Rezepte ich bald schon ausprobieren würde.

Ich fahre immer noch begeistert in diese Klinik und bin überzeugt vom Fasten, auch wenn ich in den letzten Jahren das Angebot der Vollwertkost im Haus schätzen gelernt habe. Fasten kann guttun. Jesus hat vor Beginn seines öffentlichen Auftretens vierzig Tage lang gefastet. Vierzig Tage lang nichts essen? Warum tat Jesus das? Ich glaube nicht, dass Jesus versucht hat, durch vierzig Tage Fasten in der Wüste seine überflüssigen Pfunde loszuwerden. Es war ein Verzicht mit einem Ziel: ganz von Gott abhängig zu sein. Er hatte sicher nicht so große Polster wie wir gut genährten Menschen im reichen Westen. Er fastete aus geistlichen Gründen. Er wollte sich auf das Wesentliche konzentrieren, Kraft tanken für seinen schweren Auftrag, dessen Umsetzung ja noch vor ihm lag.

Jesus wird auf die Probe gestellt

War Jesus stark oder schwach? Konnte er von seinen Plänen abgebracht werden, indem man ihn auf eine harte Probe stellte? Als Jesus versucht wurde, kam er direkt von seiner Taufe im Jordan, bei der der Vater im Himmel sich in aller Öffentlichkeit zu ihm gestellt hatte:

Als Jesus untergetaucht war und wieder aus dem Wasser hervorkam, war auf einmal der Himmel über ihm geöffnet. Er sah, wie der Geist Gottes wie eine Taube auf ihn herabkam. Gleichzeitig war eine Stimme zu hören, die aus dem Himmel ertönte: „Dieser Mensch ist mein Sohn. Ihm gilt meine ganze Liebe. An ihm habe ich meine reine Freude!" (Matthäus 3,16).

Was für ein Mut machendes und erfreuliches Erlebnis muss das gewesen sein: Es war die erste öffentliche Bestätigung – zunächst einmal für Jesus selbst, aber dann auch gleichzeitig für die Öffentlichkeit, die dieses Ereignis miterlebte: Der Vater im Himmel, der allmächtige Gott hatte ihn gesandt. Doch dann wurde er unmittelbar von dort weg in die Wüste geführt. Dort folgten drei Versuchungen des Teufels, der ihn von seinem Weg mit Gott abbringen wollte.

Als Hungernder angreifbar

Jesus war schwach. Er hatte seit vierzig Tagen nichts mehr gegessen. Der Hunger muss ihn gequält haben. Und genau an diesem Punkt setzte der Teufel an. Er schlug Jesus vor, doch aus den Steinen um ihn herum Brot zu machen. Nichts leichter als das! Eigentlich kein Problem für Jesus. Doch er tat es nicht. Jesus war zwar geschwächt und hungrig, aber er ging nicht auf die Versuchung ein. Er bewies Stärke, indem er am Wort Gottes und seinen Verheißungen festhielt: *Doch Jesus gab ihm die Antwort: „Ein Mensch kann nicht allein von Nahrung leben. In Wirklichkeit ist er ganz abhängig davon, dass Gott sein lebendig machendes Wort ausspricht"* (Lukas 4,4).

Diese Versuchung war damit überwunden. Doch es ging gleich weiter.

Nun war es nicht mehr Gottes Geist, der Jesus führte, sondern der Teufel selbst versetzte Jesus mitten in die heilige Stadt, hoch hinauf auf den Tempel und versuchte ihn dort: *„Wenn du der Sohn Gottes bist, dann stürz dich doch hinunter. Denn schließlich steht im Buch Gottes: ‚Er wird seine Engel damit beauftragen, auf dich aufzupassen. Sie werden dich auf ihren Händen tragen, damit du ja nicht mit deinem Fuß auf einen Stein aufstößt'"* (Matthäus 4,5-6).

Der Teufel versuchte, Jesus mit seinen eigenen Waffen, nämlich mit dem Wort Gottes zu schlagen. Hatte Jesus sich vorher noch erfolgreich mit der Heiligen Schrift gegen den ersten Angriff gewehrt, wurde er jetzt selbst mit Gottes Wort angegriffen.

Der Umgang des Teufels mit dem Wort Gottes zeigt uns zudem, wie gefährlich es sein kann, ein einzelnes Zitat aus der Bibel herauszunehmen und es zu einer absoluten Maxime für das eigene Handeln zu erheben. Ja, es stimmt, dass Gott auf jeden Fall auf Jesus hätte aufpassen können. Ja, er hätte Engel schicken können, keine Frage. Aber Jesus wusste, dass es nicht sein Auftrag war, in diesem Augenblick seinen ersten und sicher sehr öffentlichkeitswirksamen Auftritt vor allen Menschen im Tempel zu vollziehen. Er ließ sich weder den Zeitpunkt noch sein Handeln vom Teufel vorschreiben. Trotz der anhaltenden körperlichen Schwäche war sein Geist ganz stark. Sein Vertrauen in seinen guten Vater im Himmel zeigte sich gerade darin, dass er Gott nicht herausforderte. Er entgegnete: *Du sollst auf keinen Fall versuchen, den Herrn, der ja dein Gott ist, zu irgendetwas zu zwingen (Matthäus 4,7).*

Die dritte Versuchung folgte. Der Teufel entführte ihn und zeigte ihm alles, was in unserer Welt als Reichtum bekannt ist. Alle Güter der Welt und alle Herrschaft der Königreiche. Jesus sollte dem Teufel die Ehre geben, ihn anbeten – und alles würde ihm gehören. Doch Jesus reagierte sofort und sehr stark:

> *„Hau ab, du Satan! Denn in Gottes Buch steht: ‚Du sollst einzig und allein den Herrn, deinen Gott, anbeten. Ihm allein sollst du deine Verehrung zukommen lassen!'" Danach ließ der Zerstörer endlich Jesus in Ruhe. Stattdessen kamen die himmlischen Gottesboten zu ihm und versorgten ihn (Matthäus 4,10-11).*

Jesus ergriff trotz aller körperlicher Schwäche seine göttliche Autorität und gebot dem Satan, ihn zu verlassen. Und dieser musste folgen. Hier zeigt sich endgültig, wer wirklich schwach und wer stark war in dieser Situation. Jesus war die ganze Zeit über der Stärkere und behielt die Kontrolle über die Situation, obwohl er für eine Zeit den Teufel mit seinen Versuchungen gewähren ließ. Er tat das nicht aus Ohnmacht und Schwäche, sondern um zu zeigen, dass er sich seiner Autorität und seines Auftrages sicher war. Jesus hat nicht mit dem Teufel gekämpft, um zu siegen. Sein Sieg ist in seiner Autorität und in seiner Abhängigkeit vom Vater schon gegeben gewesen. Und diese Stärke von Jesus wurde durch die Begegnung mit dem Teufel öffentlich gemacht. Dadurch wurde der Vater umso mehr verherrlicht.

Sieg in Schwachheit

Nur die Wahrheit trägt den Sieg davon;
der Sieg der Wahrheit ist die Liebe.

Augustinus Aurelius

Sehen wir uns ein drittes Beispiel von Stärke und Schwäche bei Jesus an – seinen Leidensweg. Er saß zum letzten Mal mit seinen Jüngern, seinen Freunden, beim Passahfest zusammen. Er hatte alles organisiert. Ein Fremder hatte einen Raum für sie alle vorbereitet. Sie aßen und hatten Gemeinschaft. Dann erklärte Jesus ihnen noch einmal, dass er bald schon von ihnen getrennt werden würde und dass er den Weg in den Tod gehen müsse. Sie verstanden die Zeichen nicht, die er ihnen gab, die Hinweise, dass er auf dem Weg ans Kreuz war. Jesus entlarvte beim Essen Judas, der schon beschlossen hatte, Jesus zu verraten, der aber noch wie selbstverständlich mit allen Jüngern und Jesus am Tisch saß. Er durfte bei diesem letzten Mahl dabei sein. Als er Judas das Brot reichte, gab Jesus ihm eine letzte Chance, sich von seinem Vorhaben abzukehren. Doch Judas war fest entschlossen. Jesus trug ihm daher auf, so bald wie möglich umzusetzen, was er sich vorgenommen hatte.

Als Missionare einem Volk, das noch im Dschungel lebte, diese Begebenheit erzählten, lachten alle und freuten sich. Sie feierten Judas als Helden und sahen in Jesus einen Schwächling. Warum diese merkwürdige Reaktion? Weil in ihrer Kultur jemand als stark galt, der andere überlisten konnte. Und Judas war in ihren Augen der Held, der Jesus getäuscht hatte. Erst einige Zeit später gelang es den Missionaren, ein für dieses Volk vertrautes Bild zu nutzen, um ihnen zu erklären, was Jesus für die Menschheit getan hat: das Friedenskind.

Wenn ein Stamm mit einem anderen Frieden schließen wollte, wurde ein Kind von jedem Stammesältesten in die jeweilige andere Familie gegeben, um dort groß zu werden. Jesus ist das Friedenskind, das in diese Welt kam, um den Frieden zwischen Gott und uns zu erreichen.

Doch hätten sie bei der Geschichte mit Judas genau hingesehen, hätten sie festgestellt, dass Jesus gar nicht getäuscht oder überrascht wurde. Dass nicht Judas der Starke war, der Jesus austricksen konnte. Sondern dass Jesus selbst Herr der Lage war und blieb. Er wusste alles, was Judas vorhatte. Und er hätte die Pläne des Judas jederzeit durchkreuzen können. Aber er tat es nicht.

Als Todgeweihter voller Angst

Danach nahm Jesus drei von seinen Jüngern mit in den Garten Gethsemane. Dort brauchte Jesus dringend die seelische und moralische Unterstützung von ein paar Freunden. Er wusste genau, was ihn erwartete. Was unumkehrbar auf ihn zukam: Verhaftung, Folter, Tod am Kreuz, Verlassenheit von Gott, ein Gang durch die Hölle. Etwas entfernt von den dreien ging er im Garten auf die Knie und betete. Er rang mit Gott und bat seinen Vater im Himmel, dass der Kelch des Leidens an ihm vorübergehen möge. Er schwitzte Blut und Wasser und hatte Angst. Todesangst.

Und ausgerechnet diese seine engsten Vertrauten versagten und ließen ihn allein mit der Angst kämpfen. Mehrmals weckte er seine Freunde auf und bat sie erneut um ihre Unterstützung. Er war wirklich schwach, voller Angst und sah mit großem Schrecken dem entgegen, was auf ihn zukam:

Dann kam er zu seinen Schülern und fand sie schlafend vor. Er sagte zu Petrus: „Seid ihr nicht in der Lage, eine Stunde mit mir wach zu bleiben? Bleibt wach und betet, damit ihr nicht in die Versuchung hineingeratet! Ja, der Geist ist Gott zugewandt, aber die menschliche Natur ist schwach!"
Noch ein zweites Mal ging er fort und betete: „Mein Vater, wenn es nicht möglich ist, dass dieser Becher an mir vorbeigeht, ohne dass ich ihn austrinke, dann soll dein Wille geschehen!" (Matthäus 26,40-42).

Dennoch entschied Jesus sich dazu, Gott mehr zu gehorchen als seinen Gefühlen. Trotz allem wollte er den Weg gehen, den er vor sich sah: den Weg bis ans Kreuz. In dieser schwächsten Stunde seines Lebens, in der die Angst ihn im Griff hatte, war er ganz allein. Enttäuscht und verlassen von Menschen. Und dennoch stark genug, sich Gottes Willen anzuvertrauen. Im Ja zu seinem Weg ans Kreuz fand er die Kraft, diesen Weg auch zu gehen.

Als Gefangener ausgeliefert

Als Petrus ihm dann wenig später bei der Gefangennahme mit seinem Schwert zur Seite stehen wollte, wies Jesus ihn zurecht und sagte:

*„Steck dein Schwert wieder dahin, wohin es gehört!
Denn alle, die zum Schwert greifen, werden auch durch
das Schwert umkommen! Meinst du nicht, dass ich meinen Vater darum bitten könnte, dass er mir jetzt sofort
mehr als zwölf Legionen Engel als Beistand schicken
würde? Aber wenn ich das täte, wie würde sich dann
die Voraussage in Gottes Buch erfüllen, dass es genau
so geschehen muss?" (Matthäus 26,52-54).*

Bei der Gefangennahme wird noch einmal deutlich,
dass nicht Jesus der Schwache ist, der den Soldaten
zu gehorchen hat, sondern dass er der starke Herr ist,
der von diesem Moment an freiwillig auf seine Macht
und Überlegenheit verzichtet. Er redete mit denen, die
ihn gefangen nehmen wollten. Und die mussten allein
aufgrund seiner Worte zurückweichen und fielen um:

*Da ging er hinaus aus dem Garten und fragte sie: „Wen
sucht ihr?" Sie gaben ihm die Antwort: „Jesus, den
Mann aus Nazareth!" Da sagte Jesus zu ihnen: „Ich
selbst bin es!" Dort bei ihnen stand auch Judas, der
ihn auslieferte. Als Jesus zu ihnen sagte: „Ich selbst bin
es!", fielen sie rückwärts zu Boden (Johannes 18,4-7).*

Die Stärke von Jesus lag nicht in Drohungen oder Waffen. Sie lag einzig und allein in seiner Person selbst.
Er hatte die Entscheidung gefällt, Gott zu gehorchen.
Und das gab ihm innere Autorität und Kraft. Er war
nicht das Opfer eines Komplotts, er gab sich selbst zu
erkennen und erlaubte es, dass die Soldaten ihn gefangen nahmen. Er hätte jederzeit den Engeln befehlen
können, dass sie ihn schützen und für ihn kämpfen.
Aber das tat er nicht.

Jesus ging den Weg bis zum Ende. Er hing am Kreuz, ohnmächtig, verspottet, unter starken Qualen leidend. Äußerlich gesehen und aus der Sicht der Römer und der vorbeiziehenden Juden war das der endgültige Beweis seiner Schwäche.

Als Gekreuzigter verspottet

Die Anführer des Volkes trieben ihren Spott. Sie sagten: „Anderen Leuten hat er geholfen, dann soll er sich doch auch selbst helfen, wenn er wirklich der von Gott gesandte Messias ist, der Auserwählte!" Auch die Soldaten verspotteten Jesus. Sie traten an ihn heran, um ihm Essig zu bringen. Dabei sagten sie: „Wenn du der König der Juden bist, dann rette dich doch selbst." Oben am Kreuz hatten sie eine Inschrift angebracht: „Dieser ist der König der Juden." Einer von den beiden Verbrechern, die auch ans Kreuz gehängt worden waren, stieß Lästerungen gegen ihn aus und sagte: „Bist du nicht der Messias? Dann rette dich selbst und uns auch!" Doch der andere wies ihn zurecht und sagte: „Hast du immer noch keine Ehrfurcht vor Gott? Du bist doch in derselben Situation, genauso dem Tod geweiht! Uns trifft dieses Urteil zu Recht, denn wir bekommen nur das heimgezahlt, was wir für unsere Straftaten verdienen, doch dieser Mann hat nichts Gesetzwidriges getan!" Dann sagte er: „Jesus, denk an mich, wenn du deine Königsherrschaft antrittst!" Da antwortet Jesus ihm: „Ich versichere dir: Noch heute wirst du zusammen mit mir im Paradies sein!" (Lukas 23,35-43).

Selbst am Kreuz hätte Jesus noch alles anders ausgehen lassen können; er hätte sich selbst und die Mitgekreuzigten befreien können. Aber er tat es nicht. Genauer gesagt, er tat es anders als erwartet. Dem Verbrecher, der sich ihm am Kreuz noch öffnete und bat, ihn nicht zu vergessen, wenn er in sein Reich käme, ihm versprach er den Eingang ins Paradies. Das ist die endgültige und wahre Befreiung: Vergebung und Errettung in alle Ewigkeit. Er vertraute sich Jesus an, der ihn annahm und ihm den Weg ins ewige Leben durch seinen Tod am Kreuz eröffnete.

Vor der sichtbaren Welt mag das Kreuz ein Zeichen der Schwäche und des Versagens sein. Vor der unsichtbaren Welt jedoch ist es das Zeichen für eine rettende und starke Liebe, die sich selbst aufgibt, um die Menschheit zu retten. Ein Zeichen des Triumphs. Bis heute wird das Kreuz von Christen als Symbol des Sieges Jesu gesehen. Denn das Kreuz ist leer. Jesus ist auferstanden. Am Kreuz hat er den Preis gezahlt, der uns freigekauft hat aus der Sklaverei der Sünde. Am Kreuz hat er den Tod besiegt.

Das Kreuz siegt immer

In einem Museum in Khartum, Sudan, kann man wunderbare Fresken aus der christlichen Zeit dieses Landes sehen, auf denen auch das „glorreiche Kreuz" abgebildet ist. Die christliche nubische Kirche, die fast 1 000 Jahre im Süden Ägyptens und im Norden des Sudans existierte und die bis auf den Kämmerer aus dem Mohrenland aus der Apostelgeschichte zurückgeht, brachte viele Jahrhunderte lang ein blühendes geistliches und gesellschaftliches Leben hervor. Christliche Könige beherrschten das Land.

Zur Tradition dieser frühen Christen zählte es, in

ihren Prozessionen ein großes Kreuz vor sich her zu tragen, das mit Palmwedeln und Edelsteinen verziert war und an dem die jeweiligen Enden des Kreuzes durch Schmuckketten verbunden waren, an denen kleine Glöckchen hingen. Die gute Botschaft des Kreuzes sollte Freude bringen, ja das Kreuz selbst sollte alle mit großer Freude anstecken.

Die aus dem Wüstensand ausgegrabenen und im Museum in Khartum ausgestellten Fresken erinnern an die Zeit, als in Nubien noch das Christentum das Leben der Menschen prägte. Heute ist das Christentum in diesem Volk ausgestorben. Aber wer weiß, vielleicht werden eines Tages genau an diesen Orten wieder solche Kreuze das Kommen des Gottesreiches einläuten. Denn: Das Kreuz siegt

Wir haben gesehen, dass Stärke und Schwäche bei Jesus anders aussehen als bei uns Menschen. Im Philipperbrief lesen wir dazu Folgendes:

> *Entwickelt in euch dieselbe Einstellung, die ihr auch*
> *beim Messias Jesus seht:*
> *Ganz gleich wie Gott, das war er.*
> *Dennoch klammerte er sich nicht daran fest,*
> *Gott gleich zu sein.*
> *Nein, er gab alles auf und nahm die Gestalt*
> *eines Sklaven an.*
> *Ein Mensch wurde er, allen gleich.*
> *Ja, er erwies sich in jeder Hinsicht als ein Mensch.*
> *Er stieg noch weiter hinunter.*
> *Ganz gehorsam wurde er, bis zum Tod,*
> *dem Tod am Kreuz.*
> *Deshalb hat ihn Gott auch über alles hochgehoben.*

Ihn hat er mit dem Namen ausgezeichnet, der hoch über
allen anderen Namen steht.
So sollen in diesem Namen, Jesus, alle auf ihre Knie
niederfallen, alle Wesen, die sich im Himmel,
auf der Erde und unter der Erde befinden!
Ebenso sollen alle Geschöpfe unüberhörbar bekennen:
„Allein der Messias Jesus ist Herr!"
So wird Gott der Vater geehrt (Philipper 2,5-11).

Wer Jesus verstehen will, muss sehen lernen, dass
Gottes Wirklichkeit und unsere Wahrnehmung der
Wirklichkeit nur eine geringe Schnittmenge haben.
Wir sehen mit unseren menschlichen Augen nur einen Teil der Wirklichkeit. Gott aber sieht alles, und er
sieht alles anders als wir. Was uns auf den ersten Blick
schwach erscheint, kann in Gottes Augen sehr stark
sein. Und was uns stark erscheint, ist im Vergleich mit
Gottes Macht immer noch schwach und unscheinbar.

Kapitel 4

Die Realität des Lebens –
unsere menschliche Schwäche

Was heißt hier schwach?

Es gibt keine Schwäche, die nicht ihre Stärke hätte.

Aus Wales

Es war auf einem Seminar über Gebet. Eine Teilnehmerin fiel von Anfang an aus dem Rahmen. Sie trat unter uns anderen auf wie eine Herrscherin. Wenn sie den Raum betrat, verlangte sie die ganze Aufmerksamkeit für sich. Gestik und Mimik zeigten, dass sie zu herrschen gewohnt war. Betont demütig setzte sie sich in die erste Reihe. Betont untertänig hing sie an den Lippen des Redners. Eines Morgens betrat sie wieder mit ihrer Aura umgeben den Raum. Dann sagte sie mit erhobener Stimme: „Als ich arme, schwache Frau heute Morgen auf dem Boden vor dem Herrn lag, sagte er mir Folgendes ..."

Was der Herr ihr an diesem Morgen gesagt hat, habe ich bereits vergessen. Aber der Unterschied zwischen ihren Worten und ihrem Auftreten ist mir all die Jahre in Erinnerung geblieben. An die Tatsache, dass ihre Selbstwahrnehmung und ihre Fremdwahrnehmung so weit auseinandergingen, erinnere ich mich genau. Glaubte sie wirklich, was sie da sagte? Fühlte sie sich tatsächlich arm und schwach?

Ich kann und mag nicht beurteilen, wie arm oder schwach sie wirklich war oder sich ehrlich fühlte.

Aber interessant war für mich, dass jemand sich selbst für sehr schwach halten kann, in Wirklichkeit aber sehr stark auftritt.

Natürlich gibt es auch das andere Extrem: dass jemand sich für stark hält, aber auf seine Mitmenschen sehr schwach und zerbrechlich wirkt. Vielleicht erinnern Sie sich auch an Lehrer oder besser noch Referendare, die sehr stark auftraten und Strenge übten. Aber: Die Schüler konnten sehr schnell das Schauspiel entdecken, den wunden Punkt finden und den Referendar aus der Ruhe, ja sogar zum Verzweifeln bringen.

Als ich mein Referendariat in der Haupt- und Realschule machte, begleitete ich eine ältere Lehrerin in ihren Unterricht. Wir betraten die Räume einer achten Klasse, ohne dass die Schüler auch nur Notiz davon genommen hätten. Das muntere Treiben ging unbeeindruckt weiter und alle schrien durcheinander. Die Lehrerin war unter Druck, mir – der Neuen und Unerfahrenen – zu zeigen, wie man es richtig machte. Und was tat sie? Sie atmete tief ein und schrie dann aus voller Kehle in den Raum: „Ruhe! In dieser Klasse wird nicht geschrien!"

Ich musste mich beherrschen und versuchte, keine Regung zu zeigen. Denn sie hatte soeben das Gegenteil von dem getan, was sie selbst angeordnet hatte. Sie wollte stark sein und brüllte deswegen laut los. Aber genau darin zeigte sich ihre Schwäche, ihr mangelndes Selbstbewusstsein. Das Resultat war, dass keiner auf sie hörte. Sie hatte versucht, die Schüler mit ihren eigenen Mitteln zu schlagen. Und war damit gescheitert. Ihr wurde kein Gehör geschenkt.

Vielleicht denken Sie bei Stärke und Schwäche an Ihren Chef, der auf seiner Position beharrt und Gehorsam verlangt, aber in Wirklichkeit gar nicht leiten und führen kann. Viele Probleme am Arbeitsplatz resultieren aus diesem Dilemma: dass Menschen schwach sind und dann meinen, sie müssten mit aufgesetzter Stärke etwas kompensieren. Das geht meistens schief. Vielleicht denken Sie auch an Ihren Vater oder Ihre Mutter, die mit Strafe und Toben versucht haben, Autorität zu üben. Die aber eigentlich mit der Situation überfordert waren, innerlich schwach und hilflos.

Hinter der Fassade

Die Gefahr der falschen Selbsteinschätzung liegt beim Thema Stärke und Schwäche auf der Hand. Wenn wir uns für schwach halten, sind wir es vielleicht gar nicht. Wenn wir hingegen stark auftreten, verstecken wir damit vielleicht nur unsere eigene Unsicherheit. Woher weiß ich aber, ob ich stark oder schwach bin?

Um das herauszufinden, brauchen wir die Rückmeldung der anderen, die uns von außen sehen und uns einen Spiegel vorhalten. Wenn wir uns stark fühlen und auch so auftreten, kaschieren wir vielleicht nur unsere Schwäche und wollen dadurch sicherstellen, dass wir uns ja keine Blöße geben. Niemand darf hinter die Fassade der Stärke schauen. Doch wie schnell schwindet unser starkes Selbstbewusstsein, wenn jemand uns kritisiert – sei es zu Recht oder zu Unrecht.

Doch es ist noch komplizierter als das. Gerade im Miteinander einer christlichen Gemeinde gibt es viele Menschen, die von anderen als schwach eingestuft werden, weil sie offensichtlich auf Hilfe angewiesen sind. Sie sind emotional bedürftig, haben ein schweres Leben hinter sich oder sind sogar psychisch krank. Solche schwachen Menschen können aber in einer Gruppe eine solch dominante Rolle einnehmen, dass man eigentlich schon wieder von Stärke sprechen müsste. Sie bestimmen das Thema, das Klima, die Reaktionen der anderen, den Fokus und sogar die Richtung, in die eine Gruppe sich entwickelt. Und das alles, weil sie „schwach" sind. Diejenigen, die in der Gruppe vermeintlich die Starken sind, werden wiederum zurechtgewiesen, wenn sie sich nicht auf die sogenannten Schwachen einstellen, sondern von der Gruppe dieselbe Aufmerksamkeit und Zuwendung erwarten, die den anderen zuteilwird. Hört sich kompliziert an, aber ich nehme einmal an, dass wir das alle schon so oder ähnlich erlebt haben.

Nehmen wir ein anderes Beispiel. Eine Familie hat ein krankes Kind. Natürlich dreht sich vieles im Alltag der Familie um das kranke Kind. Die gesunden Kinder können und müssen erst einmal zurückstecken. Das ist auch richtig so. Doch bald schon wird klar, dass auch die gesunden Kinder dieselbe Fürsorge und Pflege für ihre emotionale Gesundheit brauchen wie das kranke Kind.

Man muss also die Schwachen stützen und die Starken schützen. Denn oft genug sind es gerade die Schwachen, die die Starken angreifen. Manchmal aus Neid oder aus Komplexen oder Angst. Und wenn man sich schützend vor einen schwachen Menschen stellen möchte, ertappt man sich vielleicht sogar selbst dabei, auf einen stark wirkenden Menschen aus Solidarität mit dem Schwachen loszugehen.

Wirklich interessant wird es, wenn wir Gottes Perspektive einzunehmen versuchen. Was bei uns schwach erscheint, ist bei ihm oftmals gar nicht schwach, sondern stark. Und was uns stark vorkommt, ist bei ihm in vielen Fällen schwach.

Erfahrungen der Schwäche

Er, der die größten Taten lässt vollbringen,
legt oft in schwache Hände das Gelingen.

William Shakespeare

Ein jüdisches Sprichwort lautet: „Gott konnte nicht überall sein, deshalb hat er die Mütter erschaffen!" Ja, Mütter bemühen sich, alles gleichzeitig hinzubekommen und überall und für alle da zu sein. Sie stehen ihre Frau im Beruf, sie kümmern sich um die Kinder, sie sind für ihre Ehemänner da, pflegen oft noch die alten Eltern, engagieren sich im Elternbeirat oder im Sport, basteln für den nächsten Wohltätigkeitsbasar oder sind aktiv in Vereinen und in der Gemeinde.

So nett das Sprichwort die Leistung von Müttern hervorhebt, so falsch ist es doch auch. Immer wieder stoßen wir Menschen im Leben an Grenzen, die wir nicht überwinden können. Immer wieder stellen wir fest, wie klein unsere menschliche Kraft ist, wie eng unser Radius, wie beschränkt unser Einfluss. Wir sind zwischen Geburt und Tod an einen Körper gebunden, der in den ersten Jahren kontinuierlich wächst und sich entfaltet, dann aber altert und schwächer wird. Irgendwann wird er uns seine Dienste endgültig verweigern. Solange aber tickt die Uhr und stellt uns vor Augen, dass dieses Leben begrenzt ist.

An die Grenzen gestoßen

Krankheiten zeigen uns, wie schwach wir wirklich sind. Schon eine Grippe reicht aus, um uns aus allem herauszureißen, was wir gerade tun. Auch schwere oder chronische Leiden zeigen uns die Grenzen unserer Kraft und unserer Möglichkeiten auf.

Ich habe es schon mehrmals erlebt, dass ich an meine Grenzen kam. So zuletzt im Februar 2010. Das Telefon klingelte. Als ich den Hörer kurz darauf wieder auflegte, zitterte ich am ganzen Leib. Es war Donnerstag, 18.30 Uhr. Soeben hatte meine Hautärztin angerufen. Auf eigenen Wunsch hatte ich mir ein Muttermal im Gesicht entfernen lassen, obwohl mehrere Hautärzte überzeugt waren, dass alles damit in Ordnung sei. Doch es war gewachsen und ich war schon ein paar Jahre innerlich beunruhigt darüber. Vor einer Woche war es entfernt worden, die Narbe war dabei, abzuheilen. Und dann kam der Anruf: „Es tut uns sehr leid, aber es ist doch schon Krebs gewesen. Sie müssen noch einmal operiert werden. Aber Sie haben Glück. Es ist wie ein Sechser im Lotto: Wir haben es noch sehr früh entdeckt ..."

Kaum hatte ich diese Worte gehört, stieg in mir die Erinnerung an meine erste Krebserkrankung hoch. Vor genau zwanzig Jahren war ich schon einmal an Krebs erkrankt. Damals war er fast zu spät entdeckt worden: ein Krebs im Lymphsystem, der den ganzen Körper erfasst hatte. Auf die Diagnose war eine fast einjährige Chemotherapie gefolgt, die mir alle Kräfte genommen hatte. Aber die mir letztendlich auch Heilung gebracht hatte. Und jetzt? Noch einmal Krebs. Warum nach zwanzig Jahren das Ganze von vorne erleben? Ich hatte mich doch eigentlich gesund und nach langer Zeit endlich wieder sicher und wohlgefühlt in meinem Körper. Warum, Herr, warum noch einmal diese schreckliche Krankheit?

Kurze Zeit später kam mein Mann nach Hause,

und wir redeten den ganzen Abend miteinander. Wir weinten und ließen unserer Angst Raum. Sollte das jetzt das Ende meines Lebens werden, dieser Hautkrebs, das Melanom? Hatte ich nicht schon genug gelitten? Nicht nur während der Chemotherapie, auch danach war das Leben nicht einfach gewesen. Die vielen Ängste, die Tatsache, dass wir keine Kinder bekommen konnten nach der Behandlung, war das nicht genug Leiden?

Noch am selben Abend informierten wir unsere Freunde und baten um Gebetsunterstützung. Alle Pläne für die Zukunft wurden erst einmal auf Eis gelegt. Am nächsten Tag war ich zum Gespräch bei der Ärztin. Sie machte mir Mut. Es war ein Zufallsbefund und der Krebs noch in einem solch frühen Stadium, dass es weit mehr als 90 Prozent Heilungschancen gab. Eine weitere Operation war allerdings notwendig, um sicherzugehen, dass es keine weiteren Krebszellen in der Umgebung des ersten Tumors gab.

Es war wirklich mein Glück, dass ich auf der ersten Operation bestanden hatte, denn in diesem Stadium hätte man den Krebs eigentlich nicht entdecken können. Und jetzt war der Tumor entfernt und hatte noch nicht gestreut. Das ergaben auch alle weiteren Untersuchungen. Die Panik wich einer gewissen Gefasstheit. Die nächsten Schritte standen an, eine erneute Operation. Dieses Mal nicht ambulant, sondern mit einem kurzen Aufenthalt im Krankenhaus verbunden.

Das Schlimmste war gar nicht die Angst vor dem Eingriff oder einer eventuellen Entstellung meines Gesichts. Das Schlimmste war die Erinnerung an die harte Zeit vor zwanzig Jahren und der Gedanke, dass mein Leben vielleicht schon ganz bald beendet sein könnte. Ich musste mich noch einmal all diesen Gefühlen stellen, noch einmal meine ganze Hoffnung auf Gott setzen und ihm noch einmal mein ganzes Leben anvertrauen. Auch mein Lebensende.

Als mein Mann mich wenige Tage nach der Diagnose frühmorgens in der Universitäts-Hautklinik in Marburg ablieferte, saßen wir noch eine Weile gemeinsam im Wartezimmer. Dort lag eine Aufatmen-Zeitschrift aus. Obwohl ich eigentlich zu nervös zum Lesen war, nahm ich sie in die Hand und schlug sie auf. Und sah unser Foto! Ja, es war die Ausgabe, in der der Christus-Treff vorgestellt wurde und in der auch ein Foto von uns beiden abgedruckt war. Wir mussten beide lachen. Gott hatte uns mit einem Augenzwinkern gezeigt, dass er schon in dieser Klinik war und dass ich auch schon lange dort war, wenn auch nur auf dem Papier.

Als ich einige Stunden später im Rollstuhl in den OP gebracht wurde, bereits ausgestattet mit Häubchen und OP-Hemd, trat mir in der Schleuse eine ebenfalls mit Häubchen und Mundschutz vermummte Gestalt entgegen und fragte zaghaft: „Elke, bist du das?" Es war eine Frau, die schon längere Zeit mit dem Christus-Treff in Marburg verbunden war und die genau an diesem Tag zu dieser Uhrzeit als OP-Schwester ihren Dienst tat. Sie konnte mit einer Kollegin tauschen, und so kam es, dass sie fast zwei Stunden lang bei meiner Operation assistierte. Das war sehr schön für mich, denn das Ganze wurde unter lokaler Betäubung durchgeführt, und ihre ermutigenden Worte an mich und auch ihr entspanntes Reden mit der Ärztin, die intensiv mit mir beschäftigt war, beruhigten mich sehr. Ab und zu streichelte sie mir über die Hand oder über das Bein. Ein Zeichen für mich, dass alles okay war und dass sie auch betete. Um die erste Narbe herum wurde in jede Richtung noch einmal je 1 cm Haut entfernt und auch in die Tiefe hinein bis auf den Muskel alles Gewebe entfernt. Anschließend wurde alles wieder sehr kunstvoll zusammengenäht.

Die Genesung verlief sehr gut. Es kam sogar so, dass die beiden Mitpatientinnen, mit denen ich anfangs das Zimmer teilte, nach einem Tag entlassen wurden und ich ein großes Zimmer ganz für mich allein hatte. Ich hatte also Zeit, mich auf die neue Situation einzustellen und meinen Gefühlen freien Lauf zu lassen, wann immer mir danach war. Und ich konnte viel Besuch empfangen.

Das Ganze liegt jetzt schon wieder einige Zeit zurück und ich kann Gott nur danken, dass alles so gut ging und ich keine weiteren Beschwerden oder negativen Befunde mehr hatte. Die Narbe in meinem Gesicht wird mich von jetzt an immer daran erinnern, dass ich durch diese schwere Zeit gegangen bin. Aber ich war nicht allein. Gott war da. Und viele liebe Menschen, allen voran mein wunderbarer Mann, der die Krankheit auch dieses Mal in bewundernswerter Weise mit mir gemeinsam durchgestanden hat.

Die Narbe bleibt

Mit der Narbe machte ich anfangs sehr unterschiedliche Erfahrungen. Die ersten Monate war sie rot gefärbt und deutlich sichtbar. Um mich zu trösten, sagten viele Leute: „Man sieht die Narbe ja gar nicht." Ich aber sah sie jedes Mal, wenn ich in den Spiegel schaute. Ich begann, an mir selbst zu zweifeln. Hatte ich mich etwa auf die Narbe fixiert, dass ich sie immer so deutlich sah?

Eines Tages war ich einkaufen. Ein kleiner Junge an der Hand seiner Mutter rief plötzlich: „Mama, warum hat die Frau eine so große Narbe im Gesicht?" Manchen Leuten wäre es vielleicht peinlich gewesen, aber diese Frage hat mir gutgetan. Ich war dankbar, dass der Junge das aussprach, was ich die ganze Zeit gesehen hatte, die anderen jedoch aus Rücksichtnahme nicht hatten sehen wollen. Ich fühlte mich ernst genommen in meinem Leiden. Damit will ich niemandem einen Vorwurf machen, der versucht hat, mich zu trösten und gesagt hat, dass man die Narbe gar nicht sieht. Ich sehe das Motiv dahinter und bin dankbar dafür. Aber für mich war es viel hilfreicher, dass jemand meine Not gesehen und ernst genommen hat. Auch wenn es ein Kind war.

Mittlerweile kann man die Narbe wirklich kaum noch sehen und mein cleverer Friseur hat sofort nach der Operation den Scheitel so gelegt, dass die Haare vor diese Gesichtshälfte fallen. Und es gibt immer mehr Tage, an denen ich selbst die Narbe nicht mehr wahrnehme.

So schwer diese Zeit auch für mich war, ich habe währenddessen erlebt und kann erst recht im Rückblick sagen: Gottes Kraft hat sich mächtiger erwiesen als meine Schwäche. Doch das gilt nicht nur für Krankheiten und körperliche Einschränkungen. Gott will seine Stärke genauso in uns, in unserer Seele und unserem Geist, wirken lassen.

Wunden, die niemand sieht

An Gott mich klammern, das ist meine Kraft.

Augustinus

Mein Vater war eigentlich Landwirt. Als Scheidungs-
kind lebte er bei seinem Vater, der aber oft mehrere
Tage abwesend war, denn er war als Schweine-Ein-
käufer auf dem Land unterwegs und kam nur zum
Verkauf der Tiere wieder zurück nach Duisburg, wo
er sie dann an den Schlachthof verkaufte. Als mein
Vater älter wurde, sorgte mein Großvater dafür, dass
er als Knecht auf verschiedene Bauernhöfe kam. Das
war kein einfaches Leben, denn mal war mein Vater
Teil der Familie, mal wurde er wie ein Sklave behan-
delt und weder beachtet noch geachtet. Das Gute war:
Er konnte die Ausbildung zum Landwirt machen.
Doch später wurde er in den Krieg einberufen und
kämpfte in Russland an der Front. Er wurde schwer
verletzt; bis an sein Lebensende steckte eine Kugel in
seiner Lunge, die nicht entfernt werden konnte, sich
aber schließlich verkapselte. Sein ganzes Leben lang
verfolgten ihn die schrecklichen Erlebnisse, die er an
der Front gehabt hatte. Er war aus Russland geflüchtet
und hatte trotz der Verwundung den Weg nach Hause
geschafft. Doch sein Lungensteckschuss blieb. Inope-
rabel und unübersehbar auf jedem Röntgenbild. Er
konnte seinen geliebten Beruf als Landwirt nicht mehr
ausüben, weil er nicht mehr schwer heben und körperlich arbeiten durfte. Die Kugel hätte sich jederzeit
losreißen und die Lunge weiter beschädigen können.

Ein Lungensteckschuss durchkreuzte alle Pläne und
Träume für sein Leben. Statt körperlich fit zu sein und

viel zu arbeiten, blieb für ihn nur ein Hilfsjob ohne große körperliche Belastung übrig. Die Kugel, die sich abgekapselt hatte, war eine ständige Bedrohung.

So ähnlich geht es uns Menschen, wenn wir alte Wunden in unserem Herzen nicht loswerden. Wir haben höchstwahrscheinlich keine Kugeln wie mein Vater in uns, aber so mancher Pfeil steckt noch in unserem Herzen und in unsrer Erinnerung, der eine bleibende Verwundung darstellt. Solche Pfeile können Worte sein, die über uns ausgesprochen wurden. Vielleicht im Zorn, vielleicht unbeabsichtigt, vielleicht als Waffe im Zweikampf eingesetzt. Solange der Pfeil noch in unserem Herzen sitzt, lähmt er uns in unseren Aktivitäten. Die Wunde ist noch nicht gereinigt, die Infektionsgefahr ist groß und auch die tödliche Gefahr der inneren Kapitulation ist noch nicht gebannt.

Ich erinnere mich an ein Seminar, das ich vor Jahren besuchte. Es ging um innere Heilung, um Bewältigung von vergangenen Verletzungen. Leanne Payne war die Referentin und mein Mann war ihr Übersetzer. Ich war als Mitarbeiterin dabei, merkte aber schon bald, dass das alles eine Nummer zu groß für mich war. In einer Veranstaltung betete Leanne dafür, dass Menschen die große Wunde in ihrem Herzen entdecken mögen. Nach einiger Zeit fing eine Frau neben mir an, unkontrolliert zu schluchzen und sich zu schütteln. Leanne kam und sagte mir, ich solle sie in den Arm nehmen und einfach weiter still für sie beten. Gesagt, getan. Doch dann fing sie an, ihre eigene Geburt noch einmal zu erleben. Sie jammerte, dass ihr der Kopf so wehtue. Und sie wiederholte immer wieder den Satz: „Ich darf hier nicht raus! Ich darf nicht leben!"

Ich war hilflos und sehr froh, dass Leanne selbst

übernahm. Sie sprach der Frau, die immer noch in meinen Armen lag, zu, dass sie ein Recht auf ihr Leben habe. Dass sie nach Gottes Willen leben solle! Dass alles gut werde mit der Geburt. Und dann kam der Durchbruch. Die Wahrheit, die sie hörte, führte dazu, dass sie aufhörte zu jammern und dann friedlich und wie ein kleines Baby in meinem Arm einschlief. Erst später hörte ich von ihr, dass sie ihr Leben lang – und sie war ungefähr Mitte fünfzig – mit der Schuld gelebt hatte, dass ihre Mutter bei ihrer Geburt gestorben war. Sie hatte sich all die Jahre verantwortlich dafür gefühlt und sich selbst das Recht auf Leben verweigert.

So extrem muss es nicht immer sein. Aber an diesem Beispiel sehen wir, welche Auswirkungen ein traumatisches Erlebnis haben kann, egal wie früh es in unserem Leben geschehen ist.

Verdrängung und Vergebung

Wer seine Verletzungen vergräbt oder übergeht, wird unweigerlich erleben, dass ihm die Kräfte und die Lebensfreude schwinden. Wir können nichts vor Gott verborgen halten und müssen es auch nicht. Er weiß es sowieso. Wir dürfen mit allem, was uns andere angetan haben oder was wir an Schaden durch andere erfahren haben, zu Gott kommen. Und bei ihm bekommen wir die Kraft, die Wahrheit zu erkennen, ihr ins Auge zu sehen und einen Neuanfang zu wagen. Bei ihm erfahren wir Gerechtigkeit und Befreiung durch Vergebung. Wer versucht, seine Wunden zu verstecken, muss sich im Laufe des Lebens immer mehr anstrengen. Wertvolle Lebenskraft, die eigentlich Gutes und Neues schaffen, kreativ und freudig das Leben gestalten könnte, wird gebraucht, um den inneren Scherbenhaufen zu verstecken.

Die Kraft der Gnade allein ist es, die unsere Lebenskraft wiederherstellt. Da, wo ich das Unrecht beim Namen nenne, da, wo ich vergebe oder auch um Vergebung bitte, da entsteht neue Kraft, neues Leben. Jesus ist gekommen, um uns durch die Vergebung eine tiefe und echte Heilung zu ermöglichen. Die Kraft, die neu in mich fließt, macht mich nicht gleich zum Superhelden. Es kann sein, dass ich in jungen Jahren so tief und so anhaltend verletzt worden bin, dass ich nie zu meiner vollen eigentlich möglichen Kraft zurückkehren kann. Aber ich kann Schritte in die richtige Richtung gehen und meine Kraft trainieren. Dazu auch noch mehr im fünften Kapitel.

Gefühlte Schwäche

Bei Gott ist überhaupt nichts unmöglich.

Lukas 1,37

Schon bevor ich meinen Mann kannte, hatte ich beschlossen: Entweder heirate ich und habe viele Kinder oder ich bleibe ledig und werde SOS-Kinderdorfmutter. Ein Leben ohne Kinder konnte ich mir nicht vorstellen.

Als Roland und ich heirateten, waren wir uns als Ehepaar darin einig, dass wir Kinder wollten. Es folgte eine Fehlgeburt und dann eine Operation am Eierstock. Doch die Chance auf Kinder blieb erhalten. Erst als sich durch die kurz danach folgende Krebserkrankung und die anschließende Chemotherapie herausstellte, dass ich keine Kinder mehr bekommen konnte, musste ich diesen Traum endgültig aufgeben. Adoptieren wollten und konnten wir nicht, weil ich ja so schwer erkrankt war und keiner von uns ahnen konnte, wie lange ich überhaupt noch leben würde. Dass es einmal mehr als zwanzig Jahre sein würden, konnte damals bei der Diagnose keiner vorhersagen.

Viele Gebete und gut gemeinte Prophetien, ich würde sicher bald schwanger werden, erwiesen sich als liebevolles Mitleid, aber nicht als Gottes Wille für unser Leben. Hätte ich alle Kinder bekommen, die mir auf diese Weise versprochen worden sind: Ich hätte es ohne Probleme auf die Anzahl von Kindern einer Kinderdorfmutter gebracht.

Also musste ich meinen Traum sterben lassen und mein Leben so nehmen, wie es nun einmal ist: kinderlos. Ich wusste, dass Gott einen guten Weg mit mir und mit uns als Ehepaar geht. Und dass er mir nicht etwas vorenthält, was gut für mich gewesen wäre. Sondern dass er etwas anderes mit mir vorhat. Dass Kinder nicht zu seinem Plan mit mir dazugehören.

Was ich hier in wenigen Worten zusammenfasse, war ein langer und schmerzhafter Prozess, den mein Mann und ich gemeinsam gegangen sind. Natürlich tut es weh, wenn andere Kinder bekommen, ja sogar ohne oder gar gegen ihren Willen schwanger werden. Aber ich hatte mich dazu entschieden, mich über jedes Kind zu freuen, das geboren wird, und den anderen ihr Glück nicht zu neiden.

Eines stand jedoch für mich fest: Ich würde niemals Frauenarbeit machen können. Denn ich würde nie mitreden können, wenn es um Windeln, Sandkastenhosen, Kindergärten und Schulen ging. Ja, selbst im Alter würde ich keine Bilder von meinen Enkeln zeigen oder stolz beim Kaffeeklatsch von der Karriere meiner Kinder erzählen können. Ich würde auf eine gewisse Weise ein Außenseiter in der Frauenwelt bleiben, so dachte ich damals.

Eines Tages sprach ich als Referentin auf einer Konferenz, zu der mich eine Freundin eingeladen hatte. Ich wollte gerade auf die Bühne, um eine Predigt zu halten, als mir ein kleiner Zettel zugeschoben wurde. Darauf stand: „Auch Mütter brauchen eine Mutter. Sei ihnen eine!" Ich brach ganz unvermittelt in Tränen aus. Hier redete Gott mit mir. Das war mir klar. Ich spürte deutlich, dass er meinen wunden Punkt berührte. Und dass er mich genau an diesem schwächsten Punkt meines Lebens berufen wollte. In die Frauenarbeit. Ich versuchte, mich schnell wieder zu fangen, denn die Zuhörer warteten auf meine Predigt.

Der kleine Zettel wurde mein ständiger Begleiter. Ich unternahm nichts aktiv in Sachen Frauenarbeit, aber von diesem Zeitpunkt an erhielt ich mehr und mehr Einladungen zu Frauentreffen, kam in leitende Positionen von Frauenarbeiten hinein und wurde schlussendlich, für mich unvorhersehbar und überraschend, von der Internationalen Lausanner Bewegung angefragt, ob ich ihre Frauenbeauftragte werden wollte. Erst lehnte ich ab. Doch dann entdeckte ich, dass ich Gott mehr gehorchen muss als meinem Verstand. Seitdem besuche ich weltweit Frauen, ermutige sie und setze mich für sie ein.

Je mehr ich darüber nachdenke, desto mehr entdecke ich, dass Gott immer wieder so zu handeln scheint: Er erwählt das, was schwach ist, was keine eigenen Voraussetzungen mitbringt. Eine Missionarin der EMO – Evangeliumsgemeinschaft Mittlerer Osten, Wiesbaden – sagte vor etlichen Jahren einmal zu mir: „Gott beruft nicht die Begabten – er begabt die Berufenen." Ja, das habe ich so erlebt.

Gottes Kraft in den Schwachen

Es war mein erster Aufenthalt in einem Krankenhaus. Mit Anfang zwanzig wurde ich mit Pfeiferschem Drüsenfieber, auch „kissing desease" genannt, eingeliefert. Ehrlich gesagt: Mit Küssen hatte das wenig zu tun. Die Krankheit heißt so, weil sie eine Tröpfcheninfektion ist. Meine Leber war in Mitleidenschaft gezogen worden und so landete ich auf der Isolierstation eines alten und renovierungsbedürftigen Krankenhauses in Duisburg. Isolierstation ist eigentlich zu viel gesagt: Wir waren zu zweit im Zimmer, was schön war, und wir durften abends über den Flur spazieren, wenn alle anderen Patienten in ihren Betten lagen und wir somit keinen anderen mehr anstecken konnten. Ansonsten durften wir das Zimmer nicht verlassen. Wenn Besuch kam, stand der gesammelt an der Zimmertüre und rief ins Zimmer hinein. Da es feste Besuchszeiten gab, endete das Ganze oft im Chaos: Mehrere Besucher riefen um die Wette und wir beide versuchten, von unseren Betten aus zu antworten. Heute ist das kaum noch vorstellbar.

Meine Bettnachbarin kam aus sehr armen und schwierigen Verhältnissen. Sie hatte mehrere Kinder von mehreren Vätern, was in den 70er-Jahren noch nicht so selbstverständlich war, wie es uns heute erscheinen mag. Sie lebte mit ihren Kindern in einem sehr armen und – ehrlich gesagt – sehr verkommenen Wohnblock in einem kleinen Bereich unseres Stadtteils, um den jeder in unserer Gegend einen großen Bogen machte. Sie hatte Leberzirrhose und war quietschegelb. Ich war auch ein wenig gelb, war aber genau wie sie eigentlich gar nicht ansteckend. Warum wir auf der Isolierstation lagen, weiß ich bis heute nicht. Vielleicht war unser Anblick so erschreckend, dass man ihn keinem anderen zumuten wollte.

Wir lernten uns in unserer gemeinsamen Zwangsisolation gut kennen. Und redeten über Gott und die Welt. An der Wand hing ein Neukirchener Abreißkalender, der für jeden Tag eine Andacht enthielt. Da ich schon Christ war, las ich den Zettel jeden Tag als Ermutigung. Meine Bettnachbarin wurde neugierig, und so kam es, dass wir jeden Morgen gemeinsam die Andachten und Bibelverse lasen. Schließlich fragte sie mich, ob ich wirklich „an so was" glaubte. Wir führten in der Folge gute und lange Gespräche über den Glauben. Und dann wollte sie wissen, ob Gott sie denn auch gesund machen könne. Ich bejahte und wir beteten gemeinsam. Ganz schlicht und unemotional. Einige Tage später hatte sie eine erneute Untersuchung. Und zu meinem und ihrem großen Erstaunen war von der Zirrhose nichts mehr zu sehen. Ein Wunder? Ja, ein Wunder.

Für mich war das genauso überraschend wie für sie. Ich war krank und elend. Ich hatte keine besondere Kraft und hatte auch kein besonderes Gebet gesprochen. Ich sprühte nicht vor Gesundheit und hatte auch keinen besonderen Glauben, dass Gott sie heilen würde. Ich hatte in meiner eigenen Schwachheit und Not einfach schlicht für meine Bettnachbarin gebetet. Und Gott hatte gehandelt. Sie wurde noch vor mir entlassen.

Doch als ich sie einige Wochen später zu Hause besuchte, war sie schon wieder voll und ganz in ihrem alten Leben gefangen. Der Dank an Gott für die großartige Heilung blieb für mich verborgen. Vielleicht war sie in ihrem Herzen bewegt. Doch davon habe ich in unseren Gesprächen nichts bemerkt. Hier hatte jemand in der größten Not die Kraft Gottes erlebt und, so erschien es mir, gar nicht wirklich bemerkt, was da Großartiges geschehen war. Für mich war es jedoch eine sehr wichtige Erfahrung, was mein Gebet, selbst wenn ich mich selbst ohnmächtig fühle, bewirken kann.

Die Kraft Gottes kann in und durch uns schwache Menschen wirken, auch wenn wir selbst davon gar nichts spüren. Immer wieder habe ich in meinem geistlichen Dienst erlebt, dass Gott gehandelt hat, auch und gerade wenn ich mich besonders schwach und unfähig gefühlt habe. Wie oft war ich genau an dem Tag krank, an dem ich irgendwo in Deutschland predigen oder ein Frühstückstreffen halten sollte? Wie oft hatte ich selbst große Zweifel, bevor ich auf eine Reise ging, bei der ich anderen Menschen Mut zum Glauben machen wollte? Wäre ich von meiner eigenen Gefühlslage ausgegangen, wäre ich nicht aufgebrochen. Aber ich konnte mich immer dazu durchringen, auf meinen Verstand zu hören und nicht auf meinen Bauch.

Ich habe gelernt, nicht auf meinen leeren inneren Tank zu schauen, sondern im Vertrauen auf Gottes Tankstelle loszugehen und bei ihm die Kraft zu tanken, die ich brauche. Ich habe gelernt, nicht aus eigener Kraft weiterzumachen oder auch entmutigt aufzugeben, sondern so leer zu Gott zu kommen, wie ich bin, und ihn zu bitten, mich mit seiner Kraft zu füllen. Und immer wieder habe ich erlebt, dass es gar nicht auf mein Befinden, auf meine Kraft ankommt. Dass Gottes Kraft wirklich in den Schwachen mächtig ist.

Herr, du kennst meine Kraft und meine Unkraft. Erhalte jene, diese heile! Meine ganze Hoffnung ruht allein auf deinem Erbarmen. Gib, was du befiehlst, und befiehl, was du willst! Bist du uns Stärke, so ist wahrhafte Stärke, verlassen wir uns auf eigene Kraft, so sind wir

kraftlos. Du bist unser ewiges Gut, weil wir uns abkeh-
ren von dir, darum sind wir verkehrt geworden. Dich, o
Herr, kann nur verlieren, wer dich verlässt.

Augustinus

Göttliche Tankstelle –
wie bekomme ich Kraft?

*Glauben heißt erkennen, dass die Aufgabe, die vor uns
liegt, nie so groß ist wie die Kraft, die hinter uns steht.*

Pam Vredevelt

Mit meinem ersten Auto, einem VW Käfer, machte ich
viele interessante Erfahrungen. Er war so etwas wie
ein Erbstück, denn als mein Onkel überraschend verstarb, konnten meine Eltern das Auto sehr günstig für
mich erwerben. Es war ein schönes Auto mit kleiner
Brezel-Heckscheibe, und bis heute erinnere ich mich
an meine Spritztouren durch ganz Deutschland, ja
sogar bis nach Paris. Doch das Auto hatte auch seine
Macken. Eine davon war, dass die Tankanzeige nicht
ganz korrekt war. So ist es mir mehrmals passiert, dass
ich plötzlich ohne Benzin dastand. Einmal war es besonders unangenehm, denn der Sprit ging mir mitten
auf der Stadtautobahn in Duisburg aus, auf der es keinen Standstreifen gab. Mit letzter Kraft konnten meine
Cousine und ich das Auto auf eine kleine Verkehrs-
insel an der Ausfahrt schieben und von dort aus zur
nächsten Tankstelle trampen. Dort war dann glückli-
cherweise jemand so nett, mich zurück zum Auto zu
fahren. Wie froh war ich, als ich endlich wieder Sprit
im Tank hatte und weiterfahren konnte, ohne von der
Polizei erwischt worden zu sein! Danach hatte ich immer einen gefüllten Reservekanister im Auto, für alle
Fälle.

Ohne Kraftstoff gibt es kein Vorwärtskommen. Das war die Lektion, die ich hierbei gelernt habe. Doch was ist eigentlich der Kraftstoff, der ein Leben vorwärtsbringt? Und wo bekommt man ihn? Im Folgenden will ich Ihnen vier Schritte vorstellen, wie wir uns von Gott neue Kraft schenken lassen können.

• *Der erste Schritt:*
sich eingestehen, dass man schwach ist

„Der erste Schritt zur Veränderung ist die Selbsterkenntnis." So sagt es der Volksmund. Und das stimmt auch. Ein Rabbiner wurde am Ende seines Lebens gefragt, was er anders machen würde, wenn er noch einmal leben könnte. Seine Ausführungen lauteten in etwa so: „Als ich jung war, wollte ich die ganze Welt verändern. Doch dann musste ich feststellen, dass ich das nicht schaffe. Also wollte ich mein Land verändern. Doch auch das gelang mir nicht. Also dachte ich mir, dass ich in meiner Stadt anfangen könnte. Die Zeit verstrich. Es gelang mir nicht. Dann bemerkte ich, dass ich bei meiner Familie anfangen musste. Doch die war schon längst ohne mich klargekommen und wollte nicht von mir verändert werden. Ich erkannte: Ich muss mich selbst verändern. Doch dazu war es fast zu spät, denn ich war schon alt. Hätte ich mich in jungen Jahren verändert, hätte ich vielleicht auch meine Familie mitgestalten und verändern können. Hätte sich meine Familie verändert, hätten wir vielleicht mehr Einfluss in unserer Stadt nehmen können. Hätte sich unsere Stadt verändert, wäre es vielleicht zu einer Wende in unserem Land gekommen. Und wäre unser Land verändert gewesen, hätte es einen guten Einfluss auf unsere Welt nehmen können."

Eine späte Erkenntnis. Zu spät in diesem Fall. Alles beginnt mit mir selbst. Ich habe in mir nicht die Kraft, die Welt zu verändern, auch wenn ich das in jungen Jahren so empfinde. Und eigentlich habe ich auch nicht die Kraft, Menschen um mich herum zu verändern. Ja sogar mich selbst zu verändern ist fast unmöglich. Ich brauche Kraft, die von außen kommt. Kraft, die mir zur Veränderung hilft. Ich brauche Gottes Kraft. Das haben die Beter dieses Psalms, die Korachiter, richtig erkannt und in ihrem Lied festgehalten:

Glücklich sind alle, wenn sie ihre Stärke in dir suchen, die gerne und voll Freude zu deinem Tempel ziehen. Wenn sie durch ein dürres Tal gehen, brechen dort Quellen hervor, und ein erfrischender Regen bewässert das Land. So wandern sie mit stets neuer Kraft, bis sie vor Gott auf dem Berg Zion stehen (Psalm 84,6-8; HFA).

Die Hilfe kommt also von außen. Sie belebt neu, so wie an einem heißen Tag ein Schluck kalten Wassers die Lebenskräfte wieder erwachen lässt. Gott stellt die Kraft zur Verfügung, die ich brauche. Meine Lebensumstände werden sich nicht überraschend ändern, aber ich erhalte die Kraft, in ihnen durchzuhalten. Selbst im dürren Tal ist Gottes Kraft für mich da. Selbst im anstrengenden Alltag, in einer trostlosen und aussichtslosen Phase meines Lebens, selbst in Trauer und Hoffnungslosigkeit, selbst in zermürbender Einsamkeit ist Gottes Quelle für mich da. Ich kann und muss die Kraft nicht in mir selbst finden, ich kann bedürftig zu Gott gehen und ihn um Kraft bitten.

Als ich damals mitten in der sehr anstrengenden und kräftezehrenden Chemotherapie steckte, musste ich mich immer wieder aufraffen, überhaupt noch zur nächsten Therapie zu gehen. Die Versuchung, einfach nicht mehr zur Behandlung zu erscheinen, war groß. Die Angst vor der nächsten Infusion ließ mich nicht schlafen. Und diese Angst wurde von Mal zu Mal größer. Oft war es so, dass ich vormittags ins Krankenhaus bestellt wurde, um zunächst einmal eine Blutuntersuchung machen zu lassen. Die Ergebnisse entschieden dann, ob die nächste Behandlung überhaupt stattfinden konnte. So ging ich immer in Begleitung einer Freundin morgens sehr früh in die Klinik. Dann saß ich auf dem Flur der Krebsstation und wartete. Manchmal fünf oder sechs Stunden lang. Jedes Mal, wenn ein Arzt oder eine Schwester in meine Nähe kam, stieg die Angst in mir hoch: „Jetzt ist es wieder so weit. Jetzt werden die Infusionen angehängt, die so schreckliche Nebenwirkungen haben." Je öfter ich in diese Situation des Wartens kam – und das war sicher zwanzig Mal der Fall –, desto größer wurde die Panik.

Gebet gibt Kraft

Als einziges Mittel, um mich wieder zu beruhigen, blieb mir der Gang in die Krankenhauskapelle. Dort las ich mit meiner Freundin in der Bibel und betete mit ihr. Sie segnete mich, und gemeinsam gingen wir auf die Station. Doch manchmal fand ich nicht einmal den Mut, diesen Schritt heraus aus der Kapelle zu tun, um zu erfahren, ob ich therapiert werden würde oder erst eine Woche später, wenn die Blutwerte wieder besser waren. Dann gingen wir zurück in die Kapelle und beteten weiter. Ich wusste: Ich schaffe es nur, wenn Gott mir die Kraft dazu gibt.

Und er hat sie mir gegeben. Manchmal hat sie nur für kurze Zeit gereicht. Manchmal nur für den Weg zur Station. Dann musste ich wieder neu beten, wieder neu um Gottes Hilfe bitten. Aber immer wieder habe ich erlebt, dass Gott mir diese Kraft gibt. Immer und immer wieder habe ich erfahren, dass er den Sturm in meiner Seele stillen kann und mir neue Stärke gibt für die nächste Etappe, manchmal nur für die nächsten fünf Minuten. Und: Ich habe die Therapie nicht abgebrochen. Das war sicher nicht mein eigenes Verdienst. Gott hat mir geholfen. Dafür bin ich ihm bis heute dankbar.

Von den Bergen stürzen Wildbäche tosend in die Tiefe. Mir ist zumute, als würden die Fluten mich mitreißen und fortspülen. Tagsüber seufze ich: „Herr, schenke mir doch wieder deine Gnade!", und nachts singe und bete ich zu Gott; er allein kann mir das Leben wiedergeben. Gott, du bist doch mein einziger Halt! Warum hast du mich vergessen? Warum lässt du mich leiden unter der Gewalt meiner Feinde? Ihr Hohn dringt mir ans Herz, wenn sie Tag und Nacht fragen: „Wo bleibt er denn, dein Gott?" Warum nur bin ich so traurig? Warum ist mein Herz so schwer? Auf Gott will ich hoffen, denn ich weiß: Ich werde ihm wieder danken. Er ist mein Gott, er wird mir beistehen (Psalm 42,8-12; HFA).

• Der 2. Schritt: Gottes Kraft Raum geben

Meine Erfahrung von damals und meine Erfahrung von heute ist: Gottes guter Geist wirkt in mir. Er richtet mein Innerstes wieder auf. Der Heilige Geist, der *parakletos* (Griechisch), ist der Tröster, der Beistand, der Rechtsanwalt, der helfende Freund. Er ist kraftvoll und mächtig. In ihm ist das Leben, in ihm ist die Kraft der Veränderung. Wenn er in mir lebt, habe ich in mir eine nie versiegende Quelle des Trostes und der Kraft. Ich kann mit einem schlichten Gebet Gott bitten, mich mit seinem Heiligen Geist auszurüsten und meinen Mangel auszufüllen. Meine Seele findet Frieden, auch in sehr schweren Zeiten.

Ich erinnere mich an eine Situation in meinem Leben, die schon viele Jahre zurückliegt. Ich war Ende der 70er-Jahre in Südfrankreich. Dort erhielt ich eine Nachricht, die mir den Boden unter den Füßen wegzog. Ich war noch nicht lange Christin und es schien mir in diesem Moment, als hätte Gott mich total im Stich gelassen. Ich war so verzweifelt, dass ich mit meinem Auto losfuhr, laut weinend und außer mir. Ich überquerte eine kleine Brücke und einen Moment lang spielte ich mit dem Gedanken, das Brückengeländer zu durchbrechen und mich mitsamt Auto in den Abgrund zu stürzen, um zu sterben. Irgendwie tat ich es dann doch nicht. Am anderen Ufer angekommen, war ich jedoch noch immer fest entschlossen, meinem Leben ein Ende zu setzen. Ich stieg aus dem Auto aus und rannte am Fluss entlang. Niemand war in meiner Nähe. Ich schrie laut und klagte Gott mein Leid. Und plötzlich hörte ich mich selbst in einer anderen Sprache sprechen. Ich war überrascht, hielt inne und bemerkte, dass ich ganz ruhig wurde. Der innere Krampf war wie aufgelöst, das Weinen verebbte und ich bekam neuen Mut.

Ganz allein mit Gott an diesem Flussufer hatte ich

angefangen, in Sprachen zu beten. Eine Gabe, die der Heilige Geist Menschen gibt, wenn sie sie brauchen oder wenn er sie in ihrem Leben nutzen will. Eine Geistesgabe wie andere auch. Ich hatte mich nie nach dieser Gabe ausgestreckt. Ich hatte aber auch nie Angst vor ihr gehabt. Als ich Christin wurde, war mir klar: Die Bibel berichtet sehr positiv von dieser Gabe, aber nicht jeder Christ bekommt sie:

Wenn ich also in einer geistgewirkten Sprache bete, dann betet mein innerster Geist. Mein Verstand bleibt davon unberührt. Was ist denn jetzt angebracht? Ich werde mit dem Geist beten und ich werde auch mit dem Verstand beten. Ich will in der Dimension des Geistes Loblieder singen und ebenso will ich Psalmen mit dem Verstand singen […] Ich danke Gott, dass ich mehr in diesen geistgewirkten Sprachen spreche als ihr alle [...] In Gottes Buch steht geschrieben: „Ich werde durch die Leute fremder Sprachen und durch die Lippen Fremder mit diesem Volk sprechen, und selbst so werden sie nicht auf mich hören, spricht Gott, der Herr." So dienen, wenn man diese Aussage hierauf bezieht, diese geistgewirkten Sprachen als Zeichen letztlich nicht denen, die an Gott glauben, sondern den Nichtglaubenden. [...] Also, Schwestern und Brüder, bemüht euch darum, dass ihr prophetisch reden könnt, und hindert niemanden daran, in geistgewirkten Sprachen zu reden! Und: Alles soll in gutem Stil und in einer hilfreichen Ordnung geschehen (1. Korinther 14,14-15, 18, 21-22, 39-40)

Diese Gabe der Sprachenrede baut den Beter innerlich auf (vgl. 1. Korinther 14,4). Und genau das brauchte ich anscheinend in dieser Situation. Gott wollte mir

Gutes tun in den Bereichen meiner Seele, auf die mein Verstand in meiner Verzweiflung keinen Einfluss mehr hatte. Er richtete mich wieder auf. Ich fuhr getröstet und gestärkt wieder in mein Ferienquartier. Und ich lernte, mit den Umständen zu leben, die mir zunächst allen Mut zum Leben genommen hatten.

Nicht jeder Christ bekommt diese Gabe von Gott. Aber viel mehr Christen könnten sie haben, wenn sie keine Angst davor hätten. Das Sprachengebet ist über viele Jahre hinweg in den Verdacht genommen worden, nicht von Gott zu kommen, sondern von dunklen Mächten zu stammen. Es wurde lange Zeit davor gewarnt. Ich kann diese Ängste nicht verstehen, denn die Bibel berichtet eindeutig nur positiv darüber und warnt an keiner Stelle davor. Paulus selbst hat viel in Sprachen gebetet. Vielleicht hat ihm das die Kraft gegeben, sich immer wieder in Lebensgefahr zu begeben, nicht aufzugeben und kontinuierlich zu beten.

Als Paulus in Ephesus auf Christen trifft, die nur von Johannes dem Täufer getauft worden waren, taufte er sie im Namen von Jesus.

> *Als sie das gehört hatten, ließen sie sich untertauchen, diesmal auf den Namen von Jesus, dem Herrn, in seine Wirklichkeit hinein. Als Paulus dann seine Hände auf sie legte, kam der heilige Gottesgeist auf sie herab. So beteten sie in für sie unbekannten Sprachen und redeten prophetisch (Apostelgeschichte 19,5.7).*

Es schien in der ersten Christenheit selbstverständlich zu sein, dass Christen in Sprachen beten. Heute finden wir den Einsatz dieser Gabe meistens in Pfingstgemeinden und charismatischen Kreisen. Es scheint, als würde diese Quelle des Trostes und der Kraft nicht genügend bekannt gemacht und gesucht werden. Ich kann aus eigener Erfahrung nur Mut machen, sich nach dieser Gabe auszustrecken und Gott darum zu bitten. Darin stimme ich mit Paulus überein.

Doch auch wer diese Gabe nicht hat – denn Paulus sagt auch, dass nicht jeder Christ diese Gabe bekommt –, kann in seinem Herzen mit Seufzen und Bitten die Kraftquellen Gottes anzapfen. Während meiner Chemotherapie habe ich es immer wieder so erlebt. Ich konnte nicht lange beten oder in der Bibel lesen. Ich konnte oft nur innerlich seufzen, stöhnen, ein Stoßgebet zu Gott schicken oder gar einfach nur meine Augen zum Himmel erheben, und schon merkte ich, dass ich neue Kraft bekam. Gott hat meine Gebete ohne Worte erhört. Wir müssen ihm nicht immer erklären, worum es gerade geht. Er kennt die Situation. Und er wohnt dort, wo wir ihn hin eingeladen haben: tief in uns, in unserem Herzen. Und von dort aus versteht er unser Stöhnen und Flehen, auch wenn wir keine Worte finden.

In der Bibel haben wir ebenfalls einen Schatz, der sich in Kraft umsetzen lässt. Das gelesene Wort Gottes ist eine Quelle, die wir immer neu und frisch anzapfen können. Gerade in Krisensituationen fallen uns oft Bibelverse ein, die uns Mut machen. Sie werden unsere tägliche Ration von Gott, um das Leben durchhalten zu können. Ein befreundeter Kinderarzt war in einer großen Lebenskrise, als ihm ein lieber Christ – er weiß bis heute nicht, wer das war – jeden Tag ein Bibeltraktat in seinen Briefkasten warf. Er las die Texte, und schon bald wartete er täglich auf diese Kraftration. Schließlich wurde er Christ, und einige Jahre später ging er in die Mission nach Indien und Nepal. Das Wort Gottes hatte ihm die Kraft gegeben, seine harte Zeit durchzustehen. Und es hatte ihn so weit verändert, dass er stark genug wurde, anderen von Gottes Liebe weiterzugeben.

• Der 3. Schritt: Gott loben

Als ich 1989 an Krebs erkrankt aus dem Sudan zurückkam, wurde ich am Tag vor meiner Einlieferung ins Krankenhaus zu meiner großen Überraschung zur Teilnahme an einem großen Weltkongress der Lausanner Bewegung nach Manila eingeladen. Der Termin des Kongresses fiel genau in die Mitte meiner Chemotherapie. Doch ich wollte mich davon nicht abhalten lassen. Also sagte ich den Ärzten der Krebsstation schon Monate vorher, dass ich nach Manila fliegen würde, egal, wie es mir gehen würde. Sie ließen mich ziehen, trotz miserabler Blutwerte. Noch Jahre später nannten mich manche von ihnen „die Manila-Lady".

Mein Mann Roland und ich reisten gemeinsam mit der deutschen Delegation an. Das Flugzeug hatte Verspätung, und als wir im Kongresszentrum ankamen, hatte die Abendveranstaltung schon begonnen. Wir setzten uns oben auf die Empore, um möglichst nicht zu stören. In diesem Moment sangen die Teilnehmer, die ja aus aller Welt kamen, ein Loblied. Wir tauchten sofort ein in den wunderbaren Lobpreis. Mit Menschen aus so vielen verschiedenen Ländern gemeinsam Gott loben – das war einfach wunderschön und wohltuend. Ich war schon am ersten Abend davon überwältigt.

Doch noch mehr als der gemeinsame Gesang hat mich das Zeugnis eines chinesischen Christen beeindruckt. Leider durfte damals die chinesische Delegation nicht am Weltkongress teilnehmen. Aber dieser Bruder war nach vielen Jahren Haft außer Landes und konnte uns von seinem Leben im Straflager berichten. Was ich nie vergessen werde, war, wie er von seinen Zeiten mit Gott berichtete. Für ihn gab es damals nur eine Möglichkeit, Gott zu loben und mit ihm laut zu sprechen: Das war während der Zeit, in der er die Klärgrube für das Gefängnis reinigte. Dort mitten in den Fäkalien kam ihm keiner der Wärter oder der Mitgefangenen nahe, wenn er laut betete oder sang, denn alle ließen sich vom Gestank abhalten. Es waren seine heiligen Zeiten in diesen schrecklichen Umständen, die ihm solche Kraft gaben, dass er das Leben im Gefängnis überstehen konnte. Er hatte gelernt, auch in den schwierigsten Umständen auf Jesus zu sehen und den Kontakt zu ihm zu halten.

Lobpreis hat eine heilende Wirkung auf uns. Und wenn wir selbst nicht mehr können, vielleicht noch nicht einmal singen, kann uns der Gesang anderer aufrichten. Lieder können uns tragen. Ich kann mir zusingen lassen, wie gut Gott ist und wie stark. Die Psalmen sind echte Kraftquellen, weil sie so authentische Gebete von Menschen sind, die schon vor mir in Not geraten sind, schwach wurden oder waren und sich mit ihrer Angst an Gott gewandt haben. In den Psalmen finde ich Worte für das, was ich erlebe. Sie richten mich auf.

Manchmal fahre ich frühmorgens noch ziemlich müde zu einem Frühstückstreffen für Frauen irgendwo in Deutschland. Dann lege ich gute Lobpreismusik auf und nutze die Autofahrt, auf diese Weise neue Kraft zu tanken und Gott zu loben. Laut singe ich in meinem Auto die Lieder mit, summe die Melodien oder höre auf die Texte, die meiner Seele guttun. Es liegt eine ganz besondere Kraft im Singen und Loben Gottes. Nicht umsonst werden in manchen Therapien geistliche Musikstücke eingesetzt, um Patienten zur Ruhe zu verhelfen. Auch ein geistliches Konzert kann unser Innerstes wieder aufbauen. Luther hat gesagt: „Einmal gesungen ist doppelt gebetet." Die Psalmisten konnten ein Lied davon singen. Wie oft beginnen sie in äußerster Not, Gott ihr Herz auszuschütten, und landen dann am Ende des Psalms beim großen Lob ihres liebenden Vaters im Himmel.

„Ein Freund ist jemand, der die Melodie deines Herzens kennt und der sie dir vorsingt, wenn du nicht mehr singen kannst", so lautet ein Spruch, der gerne zitiert wird. Es stimmt. Wir können manchmal so schwach werden, dass wir Freunde brauchen, die für uns glauben, mit uns beten, mit uns singen, mit uns die Gegenwart Gottes suchen oder es sogar in der Fürbitte stellvertretend für uns tun. Gemeinschaft ist das Mittel der Wahl, wenn ich nicht mehr glauben kann. So hat es Thomas der Zweifler gemacht. Er konnte nicht einfach so glauben, was ihm seine Freunde über die Auferstehung Jesu erzählten. Er wollte es mit eigenen Augen sehen, ihn mit eigenen Händen anfassen. Trotz seines Unglaubens, seiner Zweifel, blieb er in der Gemeinschaft der Jünger. Und genau da begegnete ihm Jesus ganz persönlich und brachte ihn zurück zum Vertrauen und zum Glauben.

• Der 4. Schritt: Geben, was man kann, und trainieren

Sie war in der Innenstadt von Moskau unterwegs, als sie einen Prediger hörte, der von Jesus sprach. Shirinai Dossova, die in Usbekistan geboren worden war, blieb stehen und hörte aufmerksam zu. Sie war Muslima. Doch was sie hier auf der Straße hörte, überzeugte sie. Sie folgte der Einladung des Predigers, ihr Leben Jesus anzuvertrauen. Sofort und ohne Umschweife betete sie auf der Straße. Sie war gewiss, dass sie jetzt Christin geworden war und dass ihr Leben sich von Grund auf ändern würde. Schon am nächsten Tag stand sie selbst auf der Straße und predigte. Sie wusste nur das, was sie am Tag vorher selbst erst erfahren hatte. Aber sie hatte verstanden, dass jeder diese gute Botschaft hören und annehmen sollte. Was sie wusste, das wollte sie weitergeben.

Ihre Familie reagierte mit starker Ablehnung, und ihr Bruder machte unmissverständlich klar, dass sie mit ihrem neuen Glauben nicht mehr Teil der Familie sein konnte. Doch Shirinai blieb Jesus treu. Als im Jahr 1991 die Panzer vor dem Regierungsgebäude in Moskau auffuhren, war sie gemeinsam mit Christen der Bibelgesellschaft auf dem großen Platz unterwegs. Sie klopfte an die Panzer und fragte die Soldaten, ob sie auf das Volk schießen würden. Und sie verteilte Bibeln mit den Worten: „Hier, in diesem Buch steht, dass ihr nicht töten dürft." Viele der Soldaten nahmen dankend die Bibeln an.

Shirinai hat im Laufe der nächsten Jahre erleben dürfen, dass viele Mitglieder ihrer Familie zum Glauben an Jesus kamen. Und sie hat viele Gemeinden in abgelegenen und dem Christentum feindlich gegenüberstehenden Gegenden gegründet. Woher hatte sie den Mut? Woher die Weisheit? Wer hat ihr das alles beigebracht?

Das Geburtstagsgeschenk

Wenn jemand Gott sein Leben anvertraut und Christ wird, bekommt er sozusagen als Geburtstagsgeschenk den Heiligen Geist. Dieser bestätigt im Herzen des Menschen, dass er jetzt Gottes Kind ist. So hat es Shirinai erlebt. Sie hatte noch keine Bibelschule besucht, keine theologischen Diskussionen geführt, wurde aber dennoch vom Heiligen Geist sofort in ihre Aufgabe als Evangelistin eingeführt. Aus einer schüchternen jungen Frau wurde eine Apostelin für Völker, die Jesus noch nicht kannten.

Shirinai hat das wenige, was sie kannte und wusste, eingesetzt – und daraus ist viel mehr entstanden, als sie sich selbst je hätte träumen lassen. Sie hat nicht gewartet, bis sie genug Erkenntnis und genug Erfahrung hatte, sondern sie hat sofort das investiert, was sie hatte.

Es mag sein, dass wir nur sehr wenig Kraft haben. Aber diese geringe Kraft muss genutzt werden. Ein Trainer setzt immer bei dem an, was vorhanden ist. Und dann nutzt er das wenige, das schon da ist, und entwickelt daraus ein Trainingsprogramm. Wenn Gott Ihnen wenig Kraft schenkt, dann investieren Sie die wenige Kraft. Kraft wächst mit der Anstrengung. Wer seine Kräfte schont, wird merken, wie sie nachlassen.

Vielleicht haben Sie schon einmal einen Gipsverband gehabt? Oder eine Verletzung, die sie zum Stillhalten gezwungen hat? Nach einiger Zeit schwinden unsere Muskeln und uns verlässt die Kraft, die wir vorher in ausreichendem Maße hatten. Eine Grippe, eine längere Zeit als Kranker im Bett, und auch der stärkste Mann muss wieder das Laufen üben und mit seinen geringen Kräften haushalten. Da hilft alles nichts: Es muss geübt werden. Von allein kommen die Kräfte nicht zurück. Ein Physiotherapeut hilft dabei und fordert uns heraus, damit wir wieder zu Kräften kommen.

So macht es auch der Heilige Geist in unserem Leben. Wir erkennen, wo wir kraftlos sind und welche seelischen und geistlichen Muskeln schwach geworden sind, und dann trainieren wir sie ausgiebig. Das geschieht oft dadurch, dass wir immer wieder mit ähnlichen Situationen konfrontiert werden. Vielleicht gehen uns Sätze durch den Kopf wie: „Warum passiert immer mir so etwas?" Doch mit der Perspektive, dass Gott mein Trainer ist, kann ich mich auf die Übungen einlassen und dankbar mein Training annehmen. Es wird mir helfen, wird mich stärker machen und vielleicht leistungsfähiger. Keiner von uns wäre gut beraten, ohne vorheriges Training einen Halbmarathon zu laufen. Das wäre sogar gefährlich. Die Tatsache, dass andere das auch schaffen, heißt ja noch nicht, dass wir fit genug dafür sind.

Im Krankenhaus fand ich es stets brutal, am Tag nach einer Operation gezwungen zu werden, wieder aufzustehen und einige Schritte zu laufen. Beim ersten Mal dachte ich, ich würde dabei sterben oder meine Narbe am Bauch würde garantiert aufplatzen, wenn ich mich zu viel bewegte. Mit dieser Angst im Rücken tat es auch stets entsetzlich weh. Als ich dann zum dritten Mal am Bauch operiert war, stand ich von alleine auf und bewegte mich, weil ich mittlerweile wusste, wie wichtig es war und wie gefährlich es sein könnte, einfach im Bett liegen zu bleiben. Ich hatte ja schon die gute Erfahrung gemacht, dass die Naht hält und dass ich den kurzen Ausflug aus dem Bett überstehen würde. Ich war dankbar für die Schwestern, die mich aus dem Bett scheuchten, für die Krankengymnasten, die mit mir Übungen machten und die mir halfen, schnell wieder beweglich zu werden. Mit jedem Tag wuchs die Kraft. Hätte ich nicht trainiert, wäre der Weg zurück in die Normalität viel schwerer gewesen.

Wenn ich wenig Glauben habe, dass Gott etwas tun kann, dann darf ich mit dem wenigen Glauben anfangen, Gottes Wunder zu erwarten. Es ist beim Glauben nicht so wie bei einem Samenkorn, das man gepflanzt hat und das von alleine die Erdkruste durchstößt und in den Himmel wächst. Es ist eher wie bei einem Muskel, den ich gebrauchen und trainieren kann. Mit jedem Einsatz wächst er und wird belastbarer. Wenn ich also einen kleinen Glauben habe, dann muss ich lernen, diesen kleinen Glauben einzusetzen.

Fragen Sie sich doch einmal, in welchen Dingen Sie Gott vertrauen können und was Sie mit ihm gemeinsam wagen können. Und dann tun Sie es einfach. Danken Sie ihm, wenn Ihr Glaube belohnt wurde, aber lassen Sie sich auch von scheinbaren Rückschlägen nicht gleich einschüchtern. Beim nächsten Mal werden Sie vielleicht Ihr gewachsenes Vertrauen investieren und schon mehr wagen können.

Ich habe gelesen, dass Billy Graham als Jugendlicher vor den Kühen im Stall seiner Eltern gepredigt hat. Erst viele Jahre später hat er in überfüllten Stadien gesprochen. Auch sein Glaube, seine Gaben, sind mit der Übung gewachsen. Natürlich muss nicht jeder von uns ein Prediger werden. Aber wer weiß, was Gott mit Ihnen und mit Ihren Gaben vorhat. Probieren Sie es aus und nutzen Sie das, was Sie haben und was Sie als Berufung spüren. Setzen Sie es ein: sei es Zeit, Geld, Gebet, die Gabe zu reden, den Besuch bei einem kranken Menschen, Putzen in der Gemeinde, Organisation von Veranstaltungen, Diakonie, Kinderarbeit, Schulung von Mitarbeitern, Musik, Bibelarbeit, Hauskreisarbeit oder was auch immer. Alles ist gleich wichtig und alles wird gebraucht. Fragen Sie Gott, wo er Sie einsetzen will. Denn eins ist klar: Wenn Sie Gott mit Ihren Gaben dienen, wird Ihr Glaube wachsen. Wenn Sie das geben, was Sie schon können und haben, wird Gott seine Kraft dazugeben, und Großes kann geschehen.

Kapitel 6

Übersprudelnde Freude –
Gottes Ziel mit unserer Schwäche

Gott gibt uns nicht überwindendes Leben:
Er gibt uns Leben, indem wir überwinden.
Die Anstrengung ist die Kraft.
Wenn keine Anstrengung da ist, ist auch keine Kraft da.
                                        Oswald Chambers

In meinem theologischen Examen – ich bin Lehrerin für evangelische Theologie und Kunst – war meinem Erstprüfer ein Fehler unterlaufen. In meiner schriftlichen Prüfung ging es nicht, wie vereinbart, um das Thema Amos, sondern auf meinem Aufgabenzettel standen drei Fragestellungen zum Thema Jesus zur Auswahl. Ich ging ganz aufgeregt nach vorne zu der Aufsichtskraft im Hörsaal und sagte, dass es sich um ein Missverständnis handeln müsse. Dass ich das falsche Thema bekommen hätte. Statt Verständnis und der erlösenden Antwort: „Okay, dann gehen Sie jetzt nach Hause und reden sie noch einmal mit Ihrem Prüfer. Sie können die Prüfung später wiederholen", sagte sie zu meinem Entsetzen: „Wenn Sie jetzt nichts schreiben, bekommen sie eine 6 und sind durchgefallen. Schreiben Sie irgendwas, dann haben sie eine Chance, im mündlichen Examen alles wieder gutzumachen."

Mir gefror das Blut in den Adern. Drei Themen: zum historischen Jesus, zur Leben-Jesu-Forschung, zu Albert Schweitzers Buch über Jesus ... Ich hatte mich darauf nicht vorbereitet und nichts dazu gelesen. So

126

setzte ich mich hin und betete: „Jesus, du musst mir jetzt helfen. Du lebst, und ich kann das nur schaffen, wenn du mir jetzt hilfst, etwas über die Historizität deiner Person zu sagen." Und dann begann ich zu schreiben.

Ich versuchte, Argumente zu finden, warum ich den Darstellungen des Neuen Testaments Glauben schenke. Dabei wurde mir klar, dass die ungeschönte Darstellung der Schwäche und Angst der Jünger zeigt, dass ein ehrlicher Bericht vorliegt und keine Fantasiegestalten beschrieben sind. Hätten die Jünger mit den Evangelien ihre Position stärken wollen, hätten sie so manche Schwäche und so manches Fehlverhalten gar nicht erst erwähnt. Es zeugt nicht gerade von Stärke, dass sie Jesus alleingelassen haben, als er verhaftet wurde. Dass Petrus Jesus verleugnete. Dass sie bis auf Johannes und die Frauen nicht unter seinem Kreuz standen. Dass sie sich sogar versteckten. Die Angst hatte sie im Griff. Diese Berichte im Neuen Testament waren so gnadenlos ehrlich und doch so gnadenvoll tröstend. Hier wurden mir keine strahlenden Helden vor Augen geführt, hier las ich von Menschen, mit denen ich mich identifizieren konnte. Menschen, die mich mit ihrem Vorbild herausforderten, aber auch Menschen, die mich in meiner Schwäche gut verstehen konnten.

Sicher fragen Sie sich, wie es mit meiner Prüfung weiterging: Der Professor gab zu, dass er sich mit dem Thema vertan hatte. Er gab mir für die schriftliche Prüfung eine 3 und meinte dann, ich könne ja im Mündlichen alles aufholen. Das tat ich auch und erhielt eine 1 im mündlichen Examen.

Auch dieses Erlebnis ist ein Beispiel dafür, wie Gott

in meiner Schwachheit und Unwissenheit seine Souveränität und Macht zeigte. Gleichzeitig bin ich immer noch dankbar, dass ich damals durch diesen Fehler gezwungen war, über die Evangelien und ihre Glaubwürdigkeit neu nachzudenken. Denn wenn wir die Helden aus der Bibel genauer betrachten, sehen wir, dass sie alle Menschen mit Stärken und Schwächen waren. Menschen zwischen Kraft und Ohnmacht.

Es waren Menschen wie Hiob, der schwer krank wurde und dennoch an der Liebe Gottes festhielt. Selbst als er seine Söhne verlor und ihm sein Hab und Gut genommen wurde, hielt er an Gott fest.

Oder Königin Ester, die als junges Mädchen hilflos und machtlos an den Hof des mächtigen König Xerxes kam. Sie hatte eigentlich so wenig Einfluss auf ihren Mann, dass sie sogar Angst um ihr Leben haben musste, falls sie sich ihm ungefragt näherte. Und doch bekam sie im entscheidenden Moment von Gott die Kraft, für ihr jüdisches Volk Fürsprache beim König einzulegen und den geplanten Holocaust zu verhindern.

Ich denke an König David, einen sehr gottesfürchtigen jungen Mann, der den Respekt vor seinem Widersacher König Saul nie verlor und sich eher verfolgen ließ, als ihm Schaden zuzufügen. Doch er wurde später schwach und brach in seiner Lust in die Ehe eines seiner Soldaten ein und schwängerte dessen Frau. Um seine Schuld zu überspielen, ließ er den Ehemann an die vorderste Front stellen und konnte so bewirken, dass er starb. Hätte nicht der Prophet Nathan ihm seine Sünde vor Augen gehalten, hätte David sie für immer unter den Teppich gekehrt.

Erinnern wir uns an Samson, der so stark war, dass

ihn seine Feinde nicht in den Griff bekamen. Doch dann wurde er seiner Frau gegenüber schwach und verriet ihr das Geheimnis seiner Kraft, das in seinen langen Haaren lag. Er wurde überfallen, ihm wurden seine Haare abgeschnitten, seine Augen wurden geblendet und er selbst wurde zum Gespött seiner Feinde gemacht.

Da war auch Gideon, der als junger Mann auf dem Dachboden heimlich versuchte, für sich und seine Familie Getreide zu dreschen und es vor den marodierenden Feindestruppen zu verstecken. Der Engel, der zu ihm kam, sprach ihn als Helden an, und Gideon traute seinen Ohren nicht, als Gott ihm ausrichten ließ, dass ausgerechnet er der Auserwählte war, die Feinde zu vertreiben. Zweimal legte er ein Flies aus, um sicherzugehen, dass es wirklich Gott war, der zu ihm sprach.

Bei Maria trat ganz überraschend ein Engel in ihr Leben und verhieß ihr die Geburt von Jesus, dem Messias. Für die junge Frau, verlobt und bislang unberührt, änderte sich alles durch diesen Besuch. Sie wurde schwanger, musste Angst haben, dass ihr Verlobter sie verließ, heiratete ihn dann doch und bekam auf der Reise in ihre Heimatstadt unterwegs ein Kind, für das sie noch nicht einmal ein richtiges Bett bereitstellen konnte.

Denken wir an Petrus, der immer stark und auch lautstark auftrat und Jesus hoch und heilig versprach, ihn nie zu verlassen. Und der ihn dann in der Nacht der Verhaftung gleich dreimal verleugnete.

Es waren alles Menschen mit Stärken und mit Schwächen. Eben Menschen wie Sie und ich. Darin ist die Bibel so ehrlich und klar: Es sind keine Heiligen, von denen berichtet wird. Es sind Menschen, die in ihrer Schwäche getragen und ertragen sind von der Liebe Gottes. Und die große Stärke entwickeln, wenn sie in seinem Willen handeln. Menschen, die sich ihrer Schwäche bewusst sind und die ihre Stärke oft selbst gar nicht wahrnehmen. Menschen, die Spuren des Segens in dieser Welt hinterlassen haben. Deren Leben uns Mut macht. Die genau das gelebt und erlebt haben, was Gott dem Paulus zugesagt hat: „Lass dir an meiner Gnade genügen, denn meine Kraft ist in den Schwachen mächtig."

In Lukas 6,20-23 steht so etwas wie eine Zusammenfassung dessen, was ich in diesem Buch aufzeigen wollte:

Wahres Glück habt ihr Besitzlosen! Denn die neue Wirklichkeit Gottes gehört euch. Wahres Glück habt ihr, die ihr jetzt und hier Hunger leidet! Denn ihr werdet so richtig satt werden. Wahres Glück habt ihr, die ihr jetzt weint! Denn ihr werdet voller Freude lachen. Wahres Glück habt ihr, wenn die Menschen euch voller Hass begegnen, wenn sie euch ausgrenzen und beschimpfen und selbst eure Namen als böse verwerfen, weil ihr zum Menschensohn, dem von Gott Beauftragen, gehört! Freut euch, wenn das geschieht, ja veranstaltet einen Freudentanz! Denn für euch liegt in Gottes Wirklichkeit eine große Belohnung bereit. Genau dasselbe haben damals die Vorfahren dieser Leute den von Gott gesandten Propheten angetan.

Gottes Wirklichkeit ist anders als unsere. Und das große Ziel ist und bleibt die Freude. Die Freude an Gott selbst und daran, dass er bei uns und in uns lebt. Das

Wort der Gnade soll in diesem Jahr durch die Jahreslosung über unserem Leben stehen. Egal was kommt:
Gott ist gnädig und barmherzig, geduldig und von
großer Güte! Gnädig mit meinem Versagen, barmherzig in meiner Schwäche, geduldig beim Einüben von
Stärke und von großer Güte, wenn ich schwach bleibe.

Epilog

Das Märchen vom Tausendfüßler

Mühsam quälte sich der Tausendfüßler über die feuchte Erde. Er schob sich nur sehr langsam, doch stetig und ganz geordnet im Rhythmus seiner vielen Füße vorwärts. Vor langer Zeit schon hatte er eine Stimme gehört, ganz weit oben über den Wipfeln der Bäume. Er hatte sich nicht schnell genug umdrehen können, um zu sehen, wer ihn da rief: „Du kleiner Tausendfüßler! Komm mit, ich bringe dich ins Paradies auf der anderen Seite des Flusses! Ich will dich tragen. Noch eine kurze Zeit musst du auf deinen vielen Beinen laufen. Dann werde ich dich tragen. Komm! Komm!"

Als er seine vielen Füße endlich angehalten hatte und zum Stillstand gekommen war, war niemand mehr zu sehen oder zu hören gewesen. Hatte er sich das alles nur eingebildet? Oder hatte er wirklich diese wunderbare Stimme gehört?

Er hatte kurz nachgedacht und dann beschlossen, dass es nichts zu verlieren gab, wenn er sich auf den Weg in Richtung Fluss machte. Immer und immer wieder hörte er diese wunderbare Stimme in seinem Herzen, und die kostbaren Worte beschwingten ihn jedes Mal aufs Neue.

Die Tage vergingen in großer Eintönigkeit. Wenn der Weg mühsam war und endlos erschien, stiegen in ihm jedoch stets Zweifel auf. Er war noch nicht weit vorangekommen, das stand fest. Seine vielen Füße waren schwer geworden und er hatte Mühe, sie immer wieder in Bewegung zu setzen. Vom Fluss war weit und breit noch nichts zu sehen. Würde er ihn je erreichen? Manchmal, in den traurigen und dunklen Nächten, verzweifelte er und fragte sich, ob er es je schaffen würde. Es war so mühsam, jeden Tag alle Beine zu bewegen und immer wieder weiterzuklettern, über jedes auch noch so kleine Hindernis hinweg. Es kostete so viel Kraft! Und wenn es dann noch regnete oder stürmte und sich ihm Laub oder Äste in den Weg legten, war er drauf und dran zu verzweifeln. Oft blieb er einfach reglos und übermüdet liegen und wartete auf den nächsten Tag.

Doch dann, wenn er geschlafen hatte und wieder gestärkt aufwachte, wenn die Sonne aufging und ein neuer Tag begann, war er wieder motiviert und ermutigt. Es kam ihm fast so vor, als hätte er die Stimme noch einmal gehört. Oder hatte er das nur geträumt? Er würde auf jeden Fall diesen neuen Tag nutzen, um seinem Ziel näher zu kommen. Gegen alle Vernunft hielt er fest an der Gewissheit, dass er eines Tages am Fluss und damit vielleicht auch im Paradies ankommen würde. Er müsste nur immer weitergehen und durchhalten.

So ging er tagein, tagaus in die Richtung, in die die Stimme ihn vor langer Zeit gewiesen hatte. Manchmal schlugen seine tausend Füße auf die Erde wie auf eine Trommel, die ihn mit ihrem gleichmäßigen Rhythmus vorwärtstrieb. Doch manchmal versanken sie auch im Matsch und er hatte Mühe, sie alle wieder vom Dreck zu befreien und sie auf den richtigen Weg zu bringen. Ab und an verspürte er richtige Vorfreude auf das Ziel, das Paradies. Dann wieder wurde er begleitet von dem Zweifel, ob ein Tausendfüßler denn überhaupt im Paradies willkommen sei. Immer wieder schob er diese entmutigten Gedanken beiseite und ging weiter seinen Weg. Er war die Mühe des Alltags gewohnt.

Eines Abends traf er eine Maus, die ihn erstaunt ansah. „Wohin des Weges?", fragte sie.

„Ich will ins Paradies", antwortete der Tausendfüßler, ohne dabei seinen tausend Füßen Einhalt zu gebieten.

„Was bist du doch für ein armes Tier", sagte die Maus. „Du musst auf der Erde kriechen und kommst trotz deiner vielen Füße kaum vorwärts! Schau mich an. Ich kann schnell rennen und wenn ich in Gefahr bin, kann ich auch springen! Ich werde sicher vor dir im Paradies ankommen! Schau, wie stark meine vier Beine sind! Wetten wir, dass ich als Erster da bin?"

Der Tausendfüßler sah auf seine kurzen Beine, hielt an und wurde ganz traurig. „Nimm mich mit, kleine Maus!", bat er.

Doch die Maus verneinte: „Ich werde mich heute Nacht ausruhen, und dann laufe ich dir morgen früh davon", sagte sie und legte sich schlafen.

Der Tausendfüßler wollte schon entmutigt aufgeben und seine Pläne ändern, als ihm eine Idee kam. Er kletterte unbemerkt auf den Rücken der schlafenden Maus. Als sie am nächsten Morgen erwachte, rannte sie direkt los, ohne sich noch einmal umzusehen oder den Tausendfüßler zu bemerken.

Am Abend kamen sie an eine Lichtung, auf der ein wunderschönes Pferd stand. Das Pferd beobachtete die Maus, konnte aber den Tausendfüßler nicht entdecken, denn der hatte sich mit seinen tausend kleinen Füßen im Fell der Maus direkt hinter ihrem Ohr festgekrallt.

„Wohin des Weges, kleine Maus?", fragte das Pferd.

„Ich will ins Paradies", antwortete die Maus.

„Was bist du doch für ein armes Tier!", sagte das Pferd. „Du hast so kleine Beine und musst auf dem Boden kriechen. Schau mich an. Ich kann schnell galoppieren und weite Strecken überwinden! Und ich kann Lasten transportieren. Ich werde stolz ins Paradies einreiten, denn ich bin der Schnellste und Stärkste! Wetten wir, dass ich zuerst ins Paradies komme?"

Die Maus sah auf ihre kurzen Beine und wurde ganz traurig. „Nimm mich mit, großes Pferd!", rief sie.

„Nein", antwortete das Pferd. „Ich werde mich kurz ausruhen und dann laufe ich dir davon!"

Dann legte es sich schlafen. Die Maus war ebenfalls müde vom ersten Teil der Reise und legte sich daneben, denn sie wollte aufwachen, sobald sich das Pferd auf den Weg machte. Der kleine Tausendfüßler aber nahm seine tausend Füße in die Hand und kletterte von der Maus herunter und mit aller Kraft unbemerkt auf das Pferd. Er klammerte sich mit seinen vielen Füßen an der Mähne des Pferdes fest.

Als das Pferd aufwachte, rannte es sofort los, ohne sich noch einmal umzusehen oder den Tausendfüßler zu bemerken. Die Maus schaute dem Pferd traurig nach und wusste, dass sie das Pferd nie einholen würde.

„Übrigens, ich will gar nicht ins Paradies!", rief sie dem Pferd noch nach. Dann gab sie ihre Reise auf und kehrte zurück in ihr Mauseloch.

Das Pferd kam an einen Fluss. Dort saß ein Vogel mit wunderschönem Gefieder und trank von dem sauberen Wasser, in dem sich die Sonne spiegelte. Seine Federn hatten tausend Farben, die sich im Fluss wie ein schön gestalteter Fächer spiegelten. So einen schönen Vogel hatte der Tausendfüßler noch nie gesehen. Er machte sich auf den Weg, hinunter vom Pferd und hin zu dem Vogel, der ihn wie ein Magnet anzog.

„Wohin des Weges?", fragte der Vogel.

„Ich will ins Paradies", antwortete das Pferd.

„Das wird nicht gehen ohne Flügel", meinte der Vogel. „Hier gibt es keine Brücken, und der Fluss ist viel zu tief. Du würdest in ihm ertrinken!"

„Aber ich bin doch ein schnelles und starkes Pferd! Nicht so schwach wie die Maus, die ich unterwegs getroffen habe. Die muss auf der Erde herumtrippeln! Ich kann überall hin, wo ich hin will. Ich habe genug Kraft in mir! Mit meinen langen Beinen kann ich alles schaffen!"

„Was bist du doch für ein armes Tier. Hat dir denn keiner gesagt, dass man nur auf den Flügeln des Paradiesvogels eingelassen wird ", entgegnete der Vogel.

Der Tausendfüßler war unbemerkt vom Pferd herabgerutscht und auf den Vogel zugelaufen. Er bemühte sich, seine tausend Füße so leise auftreten zu lassen, dass es niemand merkte. Diese Stimme, die Stimme von dem wunderschönen Vogel, die kam ihm so bekannt vor. Konnte es sein, dass er es gewesen war, der ihn ins Paradies eingeladen hatte? Er gab sich alle Mühe, unbemerkt näher an den Vogel heranzukommen. Er bewunderte seine Schönheit und fühlte sich stark zu ihm hingezogen. Doch er hatte auch Angst, ihm zu nahe zu kommen. Würde er ihn übersehen? Oder vielleicht sogar mit seinem spitzen Schnabel aufspießen? Gar verschlingen?

Leise flüsterte der Tausendfüßler: „Du wunderschöner Vogel! Ich möchte auch ins Paradies. Aber ich weiß, dass ich das nie allein schaffen würde. Ich habe zwar viele Füße, aber sie alle reichen nicht aus, um mich über das Wasser zu tragen. Was muss ich dir bezahlen, dass du mich mitnimmst?"

Da wandte der bunte Vogel plötzlich seinen Kopf zu ihm hin und schaute direkt in das Gesicht des kleinen Tausendfüßlers. Der bekam es mit der Angst zu tun und bereute schon fast, überhaupt etwas gesagt zu haben.

Der Paradiesvogel entgegnete: „Kleiner, treuer Tausendfüßler! Du hast meine Stimme gehört und bist ihr gefolgt. Ich war es, der über dir hin und her geflogen ist und dich eingeladen hat ins Paradies. Doch eines hast du noch nicht verstanden: Du hast viel Mühe gehabt und dich oft über deine vielen Füße beklagt. Manchmal hast du die anderen Tiere bewundert, die es leichter haben. Aber hast du auch bemerkt, dass dir deine vielen Füße geholfen haben? Du hättest dich sonst nicht so an die Maus oder an das Pferd klammern können. Und auch jetzt wirst du sehen, dass dein Training auf dem Weg nicht umsonst war!"

Der schöne Vogel wandte sich dem Pferd zu. „Und du, großes Pferd, hast deine Läufe nicht, um ins Paradies zu galoppieren. An diesem Fluss ist es egal, wie viele Beine man hat und wie schnell sie einen forttragen können. An diesem Fluss sind alle gleich. Hier entscheidet jeder, ob er sich ins Paradies tragen lassen will. Denn ins Paradies kann nur der kommen, der auf meinen Schwingen Platz nimmt."

„Komm!", sagte der bunte Vogel daraufhin zum Tausendfüßler, „steig auf! Niemand kann für diesen Flug bezahlen. Dass du meiner Einladung gefolgt bist, genügt!"

Der Tausendfüßler zögerte nicht lange und begann,

auf das Federkleid zu kriechen und sich mit seinen tausend Füßen fest im Gefieder des Vogels einzugraben.

Doch das Pferd zögerte: „Ich bin viel zu groß, du kannst mich nicht mitnehmen", sagte es. „Und außerdem will ich es erst einmal allein versuchen. Das wäre doch gelacht, wenn ich das nicht schaffen würde."

Das Pferd galoppierte los und das Wasser spritzte in alle Richtungen, als die Hufe auf das Wasser trafen. Der kleine Tausendfüßler war sehr froh, dass er sich mit seinen tausend Füßen am Vogel festhalten konnte, denn sonst wäre er vielleicht von den Spritzern aus dem Gleichgewicht gebracht worden. Doch nach einigen Schwimmzügen ging dem Pferd die Puste aus und es kehrte frustriert an das Ufer zurück.

„Das kann kein Tier schaffen!", prustete es los, noch ganz außer Atem.

„Was bist du nur für ein stolzes Tier", sagte der Paradiesvogel.

Das Pferd ließ den Kopf hängen und schüttelte die Wassertropfen aus seiner Mähne. „Ich würde ja gerne glauben, dass du auch mich rüberbringst. Aber ich kann es nicht. Ich bin doch viel zu schwer für dich", sagte das Pferd. Es drehte sich um, senkte den Kopf und wollte traurig das Ufer wieder in Richtung Heimat verlassen. Doch dann hörte es ein großes Rauschen und spürte einen starken Wind in seinem Rücken. Es sah sich verdutzt um. Der Paradiesvogel hatte seine Flügel ausgebreitet. Sie waren so groß, dass viele Pferde darauf Platz gehabt hätten.

„Komm!", rief der Vogel. „Komm! Dein Platz ist noch frei! Du kommst auf dem gleichen Weg hinüber wie dieser kleine Tausendfüßler. Halt dich fest! Es geht gleich los."

Das Pferd traute seinen Augen kaum und tastete sich vorsichtig vor. Es betrat einen Flügel des Vogels und wunderte sich, dass er nicht unter seinem Gewicht zerbrach. Doch im Gegenteil. Das Pferd merkte plötzlich, dass es selbst ganz leicht wurde. Und dass es sicher und geborgen war auf den Schwingen, die es schon bald in die Höhe trugen.

„Wie schade, dass die Maus nicht mehr bei uns ist", sagte der Tausendfüßler.

„Ja", entgegnete der Vogel, „aber wartet, denn ich komme ja wieder zurück ans Ufer. Vielleicht kommt sie ja noch." Dann waren sie schon hoch über den Wipfeln der Bäume unterwegs.

Der Paradiesvogel drehte noch eine Runde über dem Wald, aus dem das Pferd und der Tausendfüßler gekommen waren. Sie waren erstaunt, als sie sahen, wie weit der Weg aus dem Wald heraus ans Ufer wirklich gewesen war.

„Für dich war es ein kurzer Ritt", rief der Tausendfüßler. „Für mich aber war es ein sehr mühevoller Weg, immer wieder, jeden Tag musste ich mich durch das Land quälen."

„Ja, das stimmt!", antwortete das Pferd. „Ich muss sagen, ich bin beeindruckt von den vielen tausend Schritten, die du jeden Tag tun musstest." Und zum Vogel sagte er: „Wieso war es so ungerecht? Ich hatte lange Beine und kam im Galopp durch den Wald, aber der Tausendfüßler musste so hart arbeiten und sich mühsam einen Weg bahnen."

Der Vogel ließ sich von der Frage nicht unterbrechen, sondern drehte seine Kreise über den Bäumen. „Ungerecht erscheint es nur, wenn man vergleicht. Der eine hat gedacht, er könnte alles alleine schaffen.

Der andere musste jeden Tag neu viel leisten, um vorwärtszukommen. Aber genau die Anstrengung hat ihn stark gemacht und ihm geholfen, sich erst an der Maus und dann an dir festzuhalten.

„Und jetzt an dir!", rief das Pferd.

Der Paradiesvogel rief etwas in den Wald hinein. Sie hörten seine Stimme: „Komm mit ins Paradies auf der anderen Seite des Flusses! Ich will dich tragen."

„Wem sagst du das?", fragte der Tausendfüßler. „Ist da noch einer meiner Freunde unterwegs? Oder sagst du das zu der Maus, die wieder in ihrem Loch sitzt?"

Der Vogel antwortete nicht mehr. Er steuerte seinen Flug nun so, dass es wieder zurück zum Fluss ging. Das Tempo beschleunigte sich mit jedem Flügelschlag. Gleich würden sie den Fluss überqueren. Doch weiter konnten die beiden nicht denken, denn dann sahen sie unter sich schon die großen Wellen des Flusses, den sie selbst nie hätten überqueren können. Nicht mit tausend Beinen und nicht im Pferdegalopp.

„Wie glücklich können wir sein, dass du uns trägst!", rief das Pferd. „Ich hatte ja keine Ahnung, wie groß dieser Strom ist. Das hätte ich auch mit meinen Pferdehufen nicht geschafft."

Dann brach das Gespräch ab, denn die beiden sahen schemenhaft von Weitem, was auf der anderen Seite des Flusses auf sie wartete.

„Ich hatte keine Ahnung, wie schön das Paradies ist!", rief der Tausendfüßler. Und dabei winkte er mit seinen tausend Füßen den vielen Tieren, die schon aufgeregt auf die Neuankömmlinge warteten.

„Was bist du doch für ein wunderbares Tier", riefen die beiden dankbar dem Paradiesvogel zu.

„Willkommen daheim", hörten sie ihn noch sagen.

Dann vernahmen sie nur noch den Schlag seiner Flügel und spürten seinen Herzschlag. Die Freude war überwältigend, die Anstrengung vergessen. Alles war endlich gut geworden.

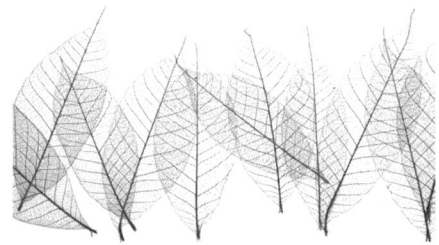

Elke Werner, Klaus Günter Pache

Stille

Dem begegnen, der alle Sehnsucht stillt

Dieses 40-Tage-Andachtsbuch ermutigt dazu, still vor Gott zu werden und ihm in Augenblicken der Ruhe zu begegnen. Das Buch ist Teil der Aktion „40 Tage Gott erleben" zum Jahr der Stille, an der sich auch ganze Gemeinden beteiligten.

**Gebunden, 13,5 x 20,5 cm, 210 S., mit Lesebändchen
Nr. 226.296**

SCM R.Brockhaus

Roland Werner

Das Buch NT – Standardausgabe
Neues Testament

Roland Werner kennt die Sprache der Bibel wie auch die Sprache der Menschen von heute. Das hat ihn dazu veranlasst, sich selbst an eine neue Übersetzung des Neuen Testaments zu wagen. Seine Übersetzung weiß sich dem Grundtext der Bibel verpflichtet, verzichtet aber auf viele „fromme" Begriffe und will damit auch dem Menschen, der nicht kirchlich geprägt ist, einen verständlichen Zugang zum Wort Gottes bieten.

Gebunden, 14 x 21 cm, 644 S., mit Lesebändchen
Nr. 226.106

SCM R.Brockhau